新編諸子集成

老子道德經注校釋

〔魏〕王弼注
樓宇烈校釋

中華書局

目録

校釋説明

王弼老子道德經注是老子一書最重要的注釋之一，也是研究王弼思想最主要的著作。

老子道德經一書，在其流傳過程中，不斷有後人增删、意改，而在其傳抄、刊印過程中又時有衍奪錯植等發生，從而形成了老子道德經一書極其複雜的版本問題。

同樣，老子道德經的各種注釋本的版本問題也十分複雜。就拿王弼的老子道德經注來説，現存較爲完整的最早版本爲清末浙江書局翻刻的明華亭張之象本，但就是這個本子，也已據清武英殿本作了部分校訂，而已非真正張之象原本。

在我最初做本書校釋工作時（一九六二年），發現在這一版本中有好幾處王弼的注文與老子道德經的原文有不一致的地方。於是我找來一些通行的老子本子對着看，發現其間老子原文雖也有少許不同，但仍與王弼的注文對不上。當時我想是否王弼的注遭到後人改動了？或者王弼做注釋時所用的老子道德經別有所本？也就是説，魏晉時期流行的老子道德經文本，與唐宋以後通行的老子道德經文本不完全一樣。這個疑問到一九七三年長沙馬王堆漢墓帛書老子甲乙本出土，得到了解答。王弼注文中那些與老子原文對不上的地方，都可以在帛書老子甲乙本中找到了與它對應的原文。原來，包括張之象本在内的歷代通行的王弼老子道德經注本中的老子原文，都已被後人按通行本的老子文本改過了，因而才出現王弼注文與老子原文不一致的情況。

這一情況的發現，説明王弼老子道德經注所用的老子文本是一個古老的版本，而參照王弼注文中保存的某些老子古意，其中也有值得我們從别一個視角去思考老子的思想。

比如説，老子第一章中有一句非常重要的話：「無名天地之始，有名萬物之母」，這是以往論證老子由無生有，天地生萬物思想的重要論據。王弼的注文中劈頭也説：「凡有皆始於無」，而接着却説：「故未形無名之時，則爲萬物之始」，而且後面還引申出一句話：「言道以無形無名始成萬物。」老子原文中的「天地」變成了「萬物」，與下句中「有名」的定位相同。是不是王弼的注文有誤？帛書本的出土，排除了這種懷疑。帛書本老子甲乙兩本原文均作：「無名萬物之始，有名萬物之母」，可見王弼注文是有原文版本根據的。同時，老子原文中「始」和「母」的含義是相通的，「無名」與「有名」是對萬物生和長狀態的描述。但過去有的研究者十分强調老子思想中「有生於無」的觀點，於是把「無名」、「有名」，「天地」、「萬物」，「始」、「母」都看成是不同的生與被生的關係，以至於要把這句話句讀成：「無，名天地之始；有，名萬物之母。」可見老子這兩句話的理解還是可以再深入思考的。

帛書老子甲乙本中與王弼注可相印證的重要條目尚有：

第十三章通行本老子文爲：「故貴以身爲天下，若可寄天下；愛以身爲天下，若可託天下。」王弼注文則是顛倒的，前一句下注爲「如此乃可以託天下也」，而後一句則注爲「如此乃可以寄天下也」，與帛書老子甲乙本同。

第二十八章最後一句通行本老子文爲：「故大制不割。」王弼注則作「故無割也」，與帛書老子甲乙本同。

第三十二章通行本老子中有一句：「始制有名，……知止可以不殆。」然王弼注文引原文則作：「故知止所以不殆。」這在帛書老子甲乙本中也得到了印證。

第三十五章通行本老子中有一句：「道之出口，淡乎其無味。」王弼注則作：「道之出言，淡然無味」，同於帛書老子甲乙本。

第四十九章通行本老子中有一句「聖人皆孩之」，王弼注文則在此上尚有：「百姓各皆注其耳目焉」一句，而這一句在帛書老子甲乙本文中都有。

以上各條，有的雖然只有一字之差，但對老子一些文句的理解還是很有幫助的。

本校釋完成於三十年前，這三十年來老子文本的校釋成果累累，對老子和王弼思想的研究也有很大的進展，但由於尚未有學者專門就王弼老子道德經注做出新的整理校釋本，所以中華書局準備把本校釋從王弼集校釋中抽出單行，列入「新編諸子集成」。這次新版主要改正了一些排印上的標點錯誤，未能做進一步的修改，爲此我對讀者深感愧疚，我真誠地期待在不遠的將來能有新的王弼老子道德經注校釋本出版來取代我這本校釋。

關於本校釋所用底本和參考版本的情況，簡述如下：

老子道德經注以浙江書局刻明華亭張之象本爲底本（四部備要本及諸子集成本與此同。按，這一本子已據清武英殿本作了部分校訂，非張之象原本）。

參校版本有：

道德真經注（此書存明刻道藏内，較接近張之象原本——簡稱道藏本）。

道德真經集注（此書存明刻道藏内，卷末有梁迥序。據近人王重民考，此即爲宋志所載文如海之集注。書集唐玄宗、河上公、王弼、王雱四家注，王弼注全録——簡稱道藏集注本）。

集唐字老子道德經注（清黎庶昌據日本宇惠本，合以張之象本而成——簡稱古逸叢書本）。

老子道德經（清四庫館臣用張之象本，據永樂大典本校訂。然永樂大典本只存上篇而無下篇——簡稱武英殿本或永樂大典本）。

用以參校的各種徵引王弼老子道德經注注文的書籍有：

道德真經藏室纂微篇（書存明刻道藏内，宋陳景元著——簡稱道藏藏室纂微本）。

道德真經集注雜説（書存明刻道藏内，宋彭耜著——簡稱道藏集注雜説本）。

道德經集解（書存明刻道藏内，宋董思靖著——簡稱道藏集解董本）。

道德經集解（書存明刻道藏内，元趙秉文著——簡稱道藏集解趙本）。

道德經取善集（書存明刻道藏内，元李霖著——簡稱道藏取善集本）。

道德真經集義（書存明刻道藏内，元劉惟永著——簡稱道藏集義本）。

列子注（晉張湛著）。

世説新語注（宋劉孝標著）。
文選注（唐李善著）。
經典釋文（唐陸德明著）。
初學記（唐徐堅著）。
老子翼（明焦竑著）。
老子道德經批（明歸有光著）。
老子衍（清王夫之著）。
用以參校及釋義的前人著述有：
老子平議（清俞樾著——見諸子平議）。
讀老札記（清易順鼎著——見寶瓠齋雜俎）。
讀老子札記附王弼注勘誤（陶鴻慶著——見讀諸子札記）。
老子校詁（馬叙倫著）。
老子王弼注校記（劉國鈞著——見圖書館學季刊第八卷第一期）。
王注老子道德經（日本宇佐美灊水（宇惠）著——見老子諸注大成）。
老子王注標識（日本東條一堂（東條弘，號肅爽子）著——見老子諸注大成）。
老子王注校正（日本波多野太郎著——見横濱市立大學紀要（人文科學）第八、十五、二十七期）。

帛書老子甲、乙本（一九七三年長沙馬王堆三號漢墓出土。此書無王弼注文，然對校勘王弼注文多有參考價值）。

老子指略（何劭王弼傳言：「弼注老子，爲之指略，致有理統」，因以定名）以王維誠輯校本爲底本，並據云笈七籤中老子指歸略例和道藏中老子微旨例略等重加校訂，改正了王維誠輯校本中的某些錯誤。

以上所列僅爲校釋時所參考的部分主要書目，尚有一些參考書籍則不一一列舉了。

上篇

一章

道可道，非常道；名可名，非常名。

可道之道，可名之名，指事造形〔一〕，非其常也。故〔二〕不可道，不可名也。

無名天地之始，有名萬物之母。

凡有皆始於無〔三〕，故未形無名之時〔四〕，則爲萬物之始。及其有形有名之時，則長之、育之、亭之、毒之，爲其母也〔五〕。言道以無形無名始成萬物，〔萬物〕以始以成而不知其所以〔然〕〔六〕，玄之又玄也〔七〕。

故常無欲，以觀其妙；

妙者，微之極也。萬物始於微而後成，始於無而後生。故常無欲空虚〔八〕，可以觀其始物之妙。

常有欲，以觀其徼。

徼，歸終也。凡有之爲利，必以無爲用；欲之所本，適道而後濟〔九〕。故常有欲，可以觀其終物之徼也〔一〇〕。

此兩者同出而異名，同謂之玄，玄之又玄，衆妙之門。

兩者，始與母也〔一一〕。同出者〔一二〕，同出於玄也。異名，所施不可同也。在首則謂之始，在終則謂之母〔一三〕。玄者，冥（也）默（然）無有也〔一四〕，始、母之所出也。不可得而名，故不可言同名曰玄。而言〔同〕〔一五〕謂之玄者，取於不可得而謂之然也。〔不可得而〕〔一六〕謂之然，則不可以定乎一玄而已。〔若定乎一玄〕〔一七〕，則是名〔一八〕則失之遠矣。故曰「玄之又玄」也〔一九〕。衆妙皆從（同）〔玄〕〔二〇〕而出，故曰「衆妙之門」也〔二一〕。

校釋

〔一〕「指事」，許慎說文解字論六書篇說：「指事者，視而可識，察而見意，上下是也。」「造」，爲。「形」，周易繫辭上：「在天成象，在地成形」，韓康伯注：「象況日月星辰，形況山川草木也。」「指事造形」，此處借以指可識可見有形象之具體事物。

〔二〕「故」，道藏集注本作「其」字。

〔三〕「有」，萬有，指可識可見有形象之具體事物。「無」，指道。四十章：「天下萬物生於有，有生於無。」王弼注：「天下之物，皆以有爲生。有之所始，以無爲本。將欲全有，必反於無。」

〔四〕「未形無名」，指没有具體形象，不可名狀之無，也就是道。二十五章：「有物混成……吾不知其名。」王弼注：「名以定形，混成無形，不可得而定，故曰不知其名也。」又三十二章：「道常無名。」王弼注：「道，無形不繫，常不可名。以無名爲常，故曰道常無名也。」

〔五〕見五十一章：「故道生之，德畜之，長之、育之、亭之、毒之、養之、覆之。」王弼注：「〔亭謂品其形，毒〕謂成其〔實〕〔質〕，各得其庇蔭，不傷其體矣。」此句意爲，當已成爲具體事物後，又得到道的生長、養育，所以道是萬物之母。

〔六〕「萬物」及「然」字均據陶鴻慶説補。陶説：「『萬物』二字當疊，『所以』下奪『然』字。……二十一章云：『以無形始物，不繫成物，萬物以始以成，而不知其所以然。』與此同。」

〔七〕「玄」，下文王弼注：「玄者，冥〔也〕默〔然〕無有也。」

〔八〕「常無欲空虛」，道藏集注本及道藏集義本於「空虛」下均多「其懷」二字，則此句當讀作：「故常無欲，空虛其懷。」又，波多野太郎説，據下節注「常有欲，可以觀其終物之徼也」文例，疑此注「空虛」二字爲衍文，且「妙」字下當有一「也」字。按，波多野太郎説近是。「常無欲」即「空虛」或「空虛其懷」之意，亦即虛靜而無思無欲之意。十六章王弼注：「以虛靜觀其反復。凡有起於虛，動起於靜，故萬物雖並動作，卒復歸於虛靜，是物之極篤也。」又説：「窮極虛無，得道之常。」王弼以「無」爲天地萬物之「本」、「體」，天地萬物的生成是自然無爲的，所以説，只有從「常無欲」去觀察天地萬物的生成，才能了解「始物之妙」。注中「空虛」或「空虛其懷」疑均爲讀者釋「常無欲」之注文而誤竄入注文者。

〔九〕十一章：「有之以爲利，無之以爲用。」王弼注：「言無者，有之所以爲利，皆賴無以爲用也。」「利」，用之善。十九章：「絶巧棄利」，王弼注：「巧利，用之善也。」「適」，從。「道」，指無。「濟」，止。此句意爲，有欲必須不離於無，然後才能有所歸止。

〔一〇〕「常有欲」，指萬有和思慮。王弼以爲「有」必須以「無」爲「本」，以「無」爲「用」，思慮亦必須不離於「無」，然後才能有所歸止。所以，他認爲通過「常有欲」，即可以了解到天地萬物的最終歸結。這也就是他「夫無不可以無明，必因於有，故常於有物之極，而必明其所由之宗也」（韓康伯繫辭注引王弼大衍義）的意思。

〔一一〕「母」，道藏本及永樂大典本均作「無」。

〔一二〕「同出者」，道藏集注本作「出者」。

〔一三〕「母」，道藏本及道藏集注本均作「毋」。文選遊天台山賦李善注引此節注文作：「兩者，謂始與母也，同出於玄也。異名，所施不同也。在首則謂之始，終則謂之母也。」按，「異名所施不可同也」句，疑當作「異名者，所施不同也」，於上下文義方安。

〔一四〕此句據文選遊天台山賦李善注引文校改。易順鼎說：「文選遊天台山賦注引王弼注云：『玄，冥嘿無有也。』據此，則今本『冥』下衍『也』字；『默』下衍『然』字。」

〔一五〕「同」字據陶鴻慶説校補。陶説詳見本章校釋〔一一〕。按，據經文作「同謂之玄」，此處當有一「同」字。

〔一六〕「不可得而」四字，據陶鴻慶説校補。陶説詳見本章校釋〔一一〕。按，此處爲重言上文「不可得而謂之然」，若作「謂之然」則於文義不可通。

〔一七〕「若定乎一玄」五字，據道藏集注本校補。按，據上下文義當有此五字，否則下文「則是名則失之遠矣」句文義不暢矣。此句意爲，「玄」只是形容一種冥默無有的狀態，而不是一個確定的名稱。如果把「玄」作爲這種狀態的確定名稱，那麽這個名稱就「失之遠矣」，即不足以表達冥默無有的狀態了。

〔一八〕「則是名」，道藏集注本作「則是其名」。道藏集義本「則」字作「謂」。又，宇惠説：「則」字衍。東條弘説：「則」疑爲「具」字之誤。波多野太郎説：「則」當作「制」字，形似而誤。

〔一九〕「故曰玄之又玄也」，王弼認爲，「玄」是形容一種「冥默無有」的狀態，是不可稱謂之稱謂。「玄」不同於某一具體事物之名稱，而只是對「無」、「道」的一種形容。王弼在老子指略中説：「然則道、玄、深、大、微、遠之言，各有其義，未盡其極者也。然彌綸無極，不可曰細；微妙無形，不可名大。是以篇云『字之曰道』，謂之曰『玄』而不名也。」又説：「故名號則大失其旨，稱謂則未盡其極。是以謂『玄』則『玄之又玄』，稱『道』則『域中有四大』也。」

〔二〇〕「玄」字，據陶鴻慶説校改。陶説詳見本章校釋〔二一〕。按，上文説「同出於玄」，可證此當作「皆從玄而出」方是。又，道藏集注本「從同」作「從門」。

〔二一〕此節注文陶鴻慶説：「自『不可得而名』以下，謬誤幾不可讀。今以義考之，原文當云：『不可得而名，故不言同名曰玄。而言同謂之玄者，取於不可得而謂之然也。不可得而謂之然，則不可定乎一玄而已。故曰玄之又玄也。則是名則失之遠矣。衆妙皆從玄而出，故曰衆妙之門也。』注意謂經文不言同名曰玄，而言同謂之玄者，若不可得而謂之者然，猶言無以稱之，强以此稱之而已。既無稱而强以此稱，則不可定乎一玄。玄且不可定，況可以始與母者名之乎？故曰名則失之遠矣。『從同』當爲『從玄』，涉上文而誤。」按，據上校釋〔一九〕所引王弼老子指略之思想，陶説有可取之處，但也不盡然，因而此節注文未悉遵陶説校改。

二章

天下皆知美之爲美，斯惡已；皆知善之爲善，斯不善已。故有無相生，難易相成，長短相較，高下相傾，音聲相和，前後相隨。

美者，人心之所進樂也〔一〕；惡者，人心之所惡疾也。美惡猶喜怒也，善不善猶是非也。喜怒同根，是非同門，故不可得而偏舉也〔二〕。此六者，皆陳自然〔三〕，不可偏舉之（明）〔名〕數也〔四〕。

是以聖人處無爲之事，

自然已足〔五〕，爲則敗也。

行不言之教，萬物作焉而不辭，生而不有，爲而不恃，

智慧自備，爲則僞也〔六〕。

功成而弗居。

因物而用〔七〕，功自彼成，故不居也。

夫唯弗居，是以不去。

使功在己，則功不可久也。

校釋

〔一〕「進樂」，古逸叢書本作「樂進」。按，據下文「惡疾」句例，此處似作「樂進」於義爲長。

〔二〕「不可得而偏舉也」，古逸叢書本、道藏本及道藏集義本「得」下均無「而」字。道藏集注本無「得而」二字。又，道藏本「偏」字誤作「徧」，下文「偏」亦誤。道藏集義本「舉」字作「廢」。

〔三〕道藏集注本於「自然」下多一「而」字。

〔四〕「名」字，據宇惠等説校改。按，此處意爲「有無」、「難易」、「長短」、「高下」、「音聲」、「前後」等六者之名都是相對相依而言者，不可單獨偏舉，所以「明數」當作「名數」於文義方安。

〔五〕「足」字，永樂大典本作「定」。

〔六〕波多野太郎引一説：「王注『智慧』云云，是解『行不言之教』一句也，則『爲』疑當作『言』。」

〔七〕「用」字，道藏集注本作「明」。

三章

不尚賢，使民不爭；不貴難得之貨，使民不爲盜；不見可欲，使民心不亂。

賢，猶能也。尚者，嘉之名也。貴者，隆之稱也〔一〕。唯能是任，尚也曷爲〔二〕？唯用是施，貴之何爲〔三〕？尚賢顯名，榮過其任，爲而常校能相射〔四〕。貴貨過用，貪者競趣，穿窬探篋〔五〕，没命而盜。故可欲不見，則心無所亂也。

是以聖人之治，虚其心，實其腹；

心懷智而腹懷食，虚有智而實無知也〔六〕。

弱其志，强其骨。

骨無知以幹，志生事以亂〔七〕。（心虚則志弱也）〔八〕

常使民無知無欲，

守其真也〔九〕。

使夫智者不敢爲也。

智者，謂知爲也〔一〇〕。

爲無爲，則無不治。

校釋

〔一〕「隆之稱也」之「稱」字，釋文：「一本作『號』，一本作『名』。」

〔二〕「尚也」，道藏集注本作「尚之」。「曷」，何。

〔三〕道藏集注本於「唯用是施」上多一「而」字；「貴之何爲」之「何」字作「曷」。

〔四〕「爲而常校能相射」，陶鴻慶說：「自『唯能是任』以下十二句，句皆四字。『能相射』三字上當有脱文。陸氏釋文以『爲而常校能相射』七字連文，是其誤已久。或『能』上仍是『校』字，以重文而誤奪歟？『相射』猶言相勝。文子上德篇『凶凶者獲，提提者射』，列子楊朱篇『樓上博者射』，釋文『食亦反』，張注云『凡戲爭能取中，皆曰射』。」又，道藏集注本及道藏集義本此七字均作「下奔而競，効能相射」。按，「校能相射」爲一句，意爲相互比較才能以爭勝。「爲而常」三字當有脱誤。

〔五〕「穿窬探篋」，道藏集注本作「穿窬睹賷篋」。「窬」，傍門。「篋」，箱子。

〔六〕陶鴻慶說：「『懷食』讀如『士而懷居』之『懷』，言以穡事爲急也。『懷智』則爲不辭，且與老子『絶聖棄智』之旨違戾。十章注云：『治國無以智，猶棄智也。』疑此注本作『心棄智』。下文『心虚則志弱』，正申言棄智之義。『虚有智』則沿『懷智』之誤而誤者。疑本作『虚無欲』。經下文云：『使民無知無欲』，注義本之，故云：『虚無欲，而實無知也。』『虚無欲』，如『不識不知，順帝之則』是也；『實無知』，如『鑿井而飲，耕田而食』是也。」按，陶說「虚有智」當爲「虚無欲」是也。然說「心懷智」爲不辭，當作「心棄智」，則不盡然也。觀王弼釋經文「虛其心，實其腹」句之義，先釋明心爲懷智之物，而腹爲懷食之具，因而說：「心懷智而腹懷食。」然則，能虛其心則無所欲，唯實其腹則無所知。故而說：「虛無欲，而實無知也。」注文作「虛有智」者誤。

〔七〕此句注文焦竑老子翼引作「骨無知以幹，故强之；志生事以亂，故弱之」。

〔八〕「心虛則志弱也」六字，據道藏本、道藏集注本及道藏集義本校刪。按，此六字文義與以上注文不合。明張之象本原亦無此六字。清四庫館臣誤據釋文校補入殿本。釋文出老子經文「弱其志」三字，而下注：「心虛則志弱也，本無『爲』字。」觀此，則「心虛則志弱也」爲陸德明釋「弱其志」之意，並非王弼之注文甚明。又，宇惠本此六字亦爲釋文之注。

〔九〕「真」，即樸。二十八章王弼注：「樸，真也。」「樸」也就是無、道。三十二章王弼注：「樸之爲物，憒然不偏，近於無有。」

〔一〇〕「智」字，古逸叢書本、道藏本及道藏集注本均作「知」。又，道藏集注本無「也」字。

四章

道沖而用之或不盈，淵兮似萬物之宗。挫其銳，解其紛，和其光，同其塵。湛兮似或存，吾不知誰之子，象帝之先。

夫〔一〕執一家之量者，不能全家；執一國之量者，不能成國；窮力舉重，不能爲用〔二〕。故人雖知萬物治也〔三〕，治而不以二儀之道〔四〕，則不能贍也〔五〕。地雖形魄，不法於天則不能全其寧；天雖精象，不法於道〔六〕則不能保其精〔七〕。沖而用之〔八〕，用乃不能窮。滿以造實〔九〕，實來則溢。故沖而用之又復不盈，其爲無窮亦已極矣〔一〇〕。形雖大，不能累其體〔一一〕；事雖殷〔一二〕，不能充其量。萬物舍此而求主〔一三〕，主其安在乎？不亦淵兮似萬物之宗乎？銳〔一四〕挫而無損，紛〔一五〕解而不勞，和光而不汙其體〔一六〕，同塵而不渝其真〔一七〕，不亦湛兮〔一八〕似或存乎〔一九〕？地守其形，德不能過其載；天慊其象〔二〇〕，德不能過其覆。天地莫能及之，不亦似帝之先乎〔二一〕？帝，天帝也。

校釋

〔一〕道藏集注本無此「夫」字。

〔二〕此句意爲，一家、一國之量都是有窮的，拘執於有窮之量，即使竭盡全部之力量，也是不能全自身之用的。因而下文説要以天地爲法，以道爲法。

〔三〕按，「人雖知萬物治也」，文義不暢，疑當作「人雖知治萬物也」。波多野太郎説「萬物」下當補一「之」字，亦可。

〔四〕「二儀之道」，即指天地之道。二十五章：「人法地，地法天，天法道，道法自然。」

〔五〕「贍」，玉篇：「周也」，周全、充足之意。

〔六〕「不法於道」，道藏集注本「法」字誤作「能」。

〔七〕二十五章王弼注：「地不違天，乃得全載，法天也。天不違道，乃得全覆，法道也。」又說：「用智不及無知，而形魄不及精象；精象不及無形，有儀不及無儀，故轉相法也。」按，或疑「精」字爲「清」字之訛。三十九章：「天得一以清，地得一以寧」，「清」與「寧」對文。此注上文說：「地雖形魄，不法於天則不能全其寧」，故「天雖精象，不法於道則不能保其精」之「精」字當爲「清」字於義爲長。因「清」、「精」二字形近，又涉上文「精象」一詞而誤。

〔八〕「沖」，俞樾說：「說文皿部：『盅，器虚也。老子曰：道盅而用之。』作『沖』者，假字也。」按，王弼此處以「沖」與「滿」、「實」對言，是以「沖」爲「虚」之義。湯用彤魏晉玄學流別略論以爲「沖而用之」即「以無爲用」之意，則亦釋「沖」爲「虚」。

〔九〕「滿以造實」，道藏集注本「造」字作「追」。

〔一〇〕「亦已極矣」，道藏集注本「極」字誤作「抑」。

〔一一〕「累」，繫累、束縛之意。

〔一二〕「殷」，衆多。道藏集注本「殷」字作「繁」。

〔一三〕「求主」，道藏集注本及道藏集義本均作「求其主」，與永樂大典本同。又，道藏集義本「舍」字，作「捨」。

〔一四〕「鋭」，説文：「芒也」，引申爲鋒芒之意。

〔一五〕「紛」，爭端。五十六章王弼注「解其紛」説：「除爭原也。」

〔一六〕「汙」，同「污」。

〔一七〕「渝」，變汙，此處亦爲污意。「真」字道藏集注本誤作「冥」字。

〔一八〕「湛」，深暗不可見之貌。「不亦湛兮」，道藏集注本作「其然乎」。

〔一九〕道藏集解趙本引此段注文作：「存而不有，没而不無，有無莫測，故曰似存。」與各本迥異，不知何據。

〔二〇〕「慊」，足。莊子天運「盡去而後慊」，王先謙注「釋文：李云，慊，足也」。又，「慊」字道藏集注本作「嗛」。

〔二一〕以上意爲，就天地之德性而言，也均有所止，而不能超過載、覆；然而道則淵兮、湛兮，天地都不能及之，所以説，道似天帝之先。

五章

天地不仁，以萬物爲芻狗；

天地任自然，無爲無造，萬物自相治理，故不仁也。仁者必造立施化，有恩有爲〔一〕。造立施化，則物失其真〔二〕。有恩有爲，則物不具存〔三〕。物不具存，則不足以備載〔四〕。（矣）〔天〕〔五〕地不爲獸生芻，而獸食芻；不爲人生狗，而人食狗〔六〕。無爲於〔七〕萬物而萬物各適其所用，則莫不贍矣。若慧由己樹，未足任也〔八〕。

聖人不仁，以百姓爲芻狗。

聖人與天地合其德，以百姓比芻狗也。

天地之間，其猶橐籥乎？ 虛而不屈，動而愈出。

橐，排橐也。籥，樂籥也〔九〕。橐籥〔一〇〕之中空洞，無情無爲，故虛而不得窮屈，動而不可竭盡也。天地之中，蕩然任自然，故不可得而窮，猶若橐籥也。

多言數窮，不如守中。

愈爲之則愈失之矣。物樹其(惡)〔慧〕〔一一〕，事錯其言，〔不慧〕〔一二〕不濟，不言不理，必窮之數也〔一三〕。橐籥而守數中〔一四〕，則無窮盡。棄己任物，則莫不理〔一五〕。若橐籥有意於爲聲也，則不足以共〔一六〕吹者之求也〔一七〕。

校釋

〔一〕「造立施化」，指有所作爲。「有恩有爲」，指有所好惡。又，「造立施化」，道藏集注本誤作「造立無施」。「有恩有爲」，道藏集義本誤作「有思有爲」。

〔二〕「真」，即樸。說見三章校釋〔九〕。

〔三〕「具」，皆。「則物不具存」之「則」字，古逸叢書本誤作「列」。

〔四〕「備載」，陶鴻慶說，當爲「被載」之誤：「被」，「覆也」。波多野太郎說：「備載」即「全載」之意。

又，道藏集注本「載」作「哉」。

〔五〕「天」字，據道藏集注本校改。按，老子經文作「天地不仁，……」，此處注文當亦作「天地不爲獸生芻，……」。

〔六〕道藏集注本脱「而人食狗」四字。

〔七〕「於」字，道藏集注本誤作「然」。

〔八〕「慧」，古通「惠」，此處爲惠義。按，道藏集注本「樹」字作「猶」，則此句當讀作「若慧由己，猶未足任也」。又，道藏集注本此節注文並誤作「河上曰」。

〔九〕「籥」字，文選文賦李善注引作「器」字。

〔一〇〕「橐籥」，俗稱風箱，橐是外櫝，籥是内管。然王弼此處以籥爲樂籥，則籥指似笛之樂器。「排橐」之「橐」，釋文釋爲「無底囊」。又，易順鼎說：「王注之義雖亦可通，而一爲吹火囊，一爲樂器，殊不相類。橐，當爲囊橐之橐，籥當爲管籥之籥。管籥或作鑰，或作籥。……蓋橐所以緘縢物者，鑰所以闔闢物者。『虚而不屈』，正謂橐；『動而愈出』，正謂鑰耳。天地之門猶橐鑰者，橐主人物，故曰闔户，謂之乾；鑰主出物，故曰闢户，謂之坤矣。」

〔一一〕「慧」字，據陶鴻慶說校改。陶說：「『惡』爲『慧』字之誤，『慧』與『惠』同。上文云『若慧由己樹，未足任也』。是其證。」

〔一二〕「錯」，置。「不慧」二字，據陶鴻慶說校補。陶說：「『不濟』上當奪『不慧』二字。『不慧不濟，不言不理』，即承上兩句（「物樹其慧，事錯其言」）而言。」又，波多野太郎說：「不濟不言不理」，當作「其惠不濟，其言不理」。「不濟」之「濟」字，道藏集注本作「齊」。

〔三〕「濟」，成。「理」，治。「必窮之數也」之「數」，讀作「速」。此句意爲，由於對物施惠，對事設置了名言，因而使得事物無施惠則不成，無名言則不治，所以說：「必窮之數（速）也。」

〔四〕波多野太郎說：「守數中」之「數」字衍。按，老子經文說：「不如守中」，王弼上節注說「橐籥之中，空洞無情無爲，……」，則此處言「橐籥而守數中」，亦當作「橐籥而守中」。「數」字乃涉上文「必窮之數也」而衍。「中」，即守其空虛無爲之意。

〔五〕「棄己任物」，即無爲無造，無施無惠，而任物自然之意，所以說「莫不理」。

〔六〕「共」，通「供」。道藏集注本及道藏集義本均作「供」。

〔七〕按，道藏取善集本引此節注文作「若不法天地之虛靜，同橐籥之無心，動不從感，言不會機，動與事乖，故曰數窮；不如內懷道德，抱一不移，故曰守中」。疑非王弼注文。

六章

谷神不死，是謂玄牝，玄牝之門，是謂天地根。緜緜若存，用之不勤。

谷神〔一〕，谷中央無（谷）〔者〕〔二〕也。無形無影，無逆無違，處卑不動，守靜不衰，（谷）〔物〕〔三〕以之成〔四〕而不見其形，此至物也〔五〕。處卑（而）〔守靜〕不可得（而）名，故謂〔之玄牝〕。（天地之根緜緜若存用之不勤〔六〕。門，玄牝之所由也〔七〕。本其所由〔八〕，與〔太〕〔九〕極同體，故謂之「天地之根」也。欲言存邪，則不見其形；欲言亡〔一〇〕邪，萬物以之生。故「緜緜若存」也。無物不成（用）〔一一〕而不勞也，故曰用而不勤也〔一二〕。

校釋

〔一〕「谷」，河上公注：「谷，養也。」高亨老子正詁：「谷神者，道之別名也。『谷』讀爲『穀』。爾雅釋言：『穀，生也。』廣雅釋詁：『穀，養也。』」「谷神者，生養之神。」按，觀王弼釋「谷」字，似借爲山谷之谷，而其意爲虛無，如「虛懷若谷」之「谷」義。因而王弼說：「谷神，谷中央無（谷）〔者〕也，無形無影，無逆無違，……」此均爲形容「谷」是虛無而不可名狀。又四十一章經文「上德若谷」，王弼注「不德其德，無所懷也」。以「無所懷」釋「谷」，正爲虛無之意。又，列子天瑞引老子此章「谷神不死」，張湛注亦說：「夫谷虛而宅有，亦如莊子之釋『環中』。至虛無物，故謂谷神；本自無生，故曰不死。」

〔二〕「者」字，據釋文及易順鼎說校改。釋文出「中央無」三字，下注「一本作空」。又在「谷」字下注：「古木反，中央無者也。河上本作浴，浴者，養也。」此處「中央無者也」，正爲引王弼注文以釋「谷」字之義。故原注文當作「谷中央無者也」。又，于省吾讀此句以「谷中央無」爲句，「谷也」屬下讀。

〔三〕「物」字，據陶鴻慶說校改。陶說：「『谷以之成』，當作『物以之成』。下文云：『欲言存邪，則不見其形；欲言亡邪，萬物以之生』，即承此言。今誤作『谷』則不成義。」按，陶說是，當作「物」字。此處意爲物由谷神而成，然不見谷神之形。如作「谷」則不可解。又，四十一章王弼注釋「大象」也説：「物以之成，而不見其成形」，可爲此佐證。

〔四〕道藏集注本脱「以之成」之「之」字。

〔五〕「此至物也」，石田羊一郎老子王弼注刊誤作「此物也」，並屬下讀。

〔六〕此句注文據列子天瑞篇張湛注引及易順鼎、陶鴻慶等説校改。列子天瑞篇注引作：「處卑而不可得名，故謂之玄牝。」陶鴻慶説：「『處卑守靜』，承上文『處卑不動，守靜不衰』而言，今奪『守靜』二字，則文義不備。『不可得而名』見一章注，此注『而』字誤奪在上耳。『天地之根』以下十二字，分見下文，則此爲複衍無疑。列子天瑞篇張注引此文『處卑』句誤同。惟『故謂之玄牝』不誤。」

〔七〕「玄」，十章王弼注：「玄，物之極也。」「牝」，雌性動物之統稱。「玄牝」，借以形容萬物最初之生養者。此也是對「道」、「無」産生萬物的一種形象比喻。「由」，經從。「所由」，所通過之處。

〔八〕波多野太郎説：「慧琳一切經音義載王弼注老子曰：『根，始也』，今世行本均無，宜在此條『本其所由』上。」

〔九〕「太」字，據列子天瑞篇注引校補。「太極」，據王弼思想也爲虚無之意。可參看王弼對周易繫辭「大衍之數」節之解釋。韓康伯承王弼思想釋繫辭「易有太極」説：「太極者，無稱之稱，不可得而名。」

〔一〇〕「亡」，通「無」。

〔二〕「用」字，據易順鼎説校删。易説：「列子天瑞篇注引作『無物不成，而不勞也』。『而不勞』上本無『用』字，當據以訂正。蓋以『無物不成』解『用』，以『不勞』解『不勤』，後人加入『用』字，則『無物不成』爲贅語矣。」

〔三〕「用而不勤也」，道藏集義本引作「用之不勤也」。又列子天瑞篇張湛注引此段注文略有不同，録以參考：「門，玄牝之所由，與太極同體，故謂之天地之根也。欲言存邪，不見其形；欲言亡邪，萬物以生。故曰綿綿若存。無物不成，而不勞也，故曰不勤。」

七章

天長地久。天地所以能長且久者，以其不自生，

自生則與物爭，不自生則物歸也〔一〕。

故能長生。是以聖人後其身而身先，外其身而身存。非以其無私邪？故能成其私。

無私者，無爲於身也。身先身存，故曰「能成其私」也。

校釋

〔一〕「自生」，意爲只求自身之生，即所謂「先其身」、「存其身」、「私其身」、「有爲於身」，亦即如五十章王弼注所説之「生生之厚」。「不自生」，意爲不求自身之生，即所謂「後其身」、「外其身」、「無私其身」、「無爲於身」，亦即如五十章王弼注所説之「善攝生者，無以生爲生」。

八章

上善若水。水善利萬物而不爭，處衆人之所惡，

人惡卑也。

故幾於道。

道無水有，故曰「幾」也〔一〕。

居善地，心善淵，與善仁，言善信，正善治〔二〕，事善能，動善時。夫唯不爭，故無尤。

言（人）〔水〕皆應於（治）〔此〕道也〔三〕。

校釋

〔一〕「幾」，近。此句意爲，水雖然善利萬物而處卑下，但還是「有」，而道則是「無」。所以説水只是近於道之善而已。又，道藏集注本「幾」字下無「也」字。

〔二〕道藏取善集本於「正善治」下引王弼注：「爲政之善，無穢無偏，如水之治，至清至平。」不知何本。

〔三〕此節注文據道藏集注本及道藏集義本校改。永樂大典本同。按，此章經文全以水爲譬喻，注文之意正說明水之利物而居卑下，符合於「居善地」之道，故據改。

九章

持而盈之，不如其已。

持，謂不失德也。既不失其德，又盈之〔一〕，勢必傾危。故不如其已者〔二〕，謂乃更不如無德無功者也〔三〕。

揣而梲之，不可長保。

既揣〔四〕末令尖，又銳之令利，勢必摧衄〔五〕，故不可長保也。

金玉滿堂，莫之能守。

不若其已。

富貴而驕，自遺其咎。

不可長保也。

功遂身退，天之道。

四時更運，功成則移。

校釋

〔一〕「盈」，滿。

〔二〕「已」，去、棄。波多野太郎說：「『已』字下宜補『也，不如其已』五字。下注：『既揣末令尖，又銳之令利，勢必摧衄，故不可長保也』，句法相同。」

〔三〕王弼、老子均認爲持德不如無德。三十八章說：「上德不德，是以有德；下德不失德，是以無德。」王弼注說：「上德之人，唯道是用，不德其德，無執無用，故能有德而無不爲。不求而得，不爲而成，故雖有德而無德名也。」反復申述此意。

〔四〕「揣」，說文：「揣，一曰捶之」，即鍛擊之意。

〔五〕「摧衄」，挫折。

十章

載營魄抱一，能無離乎？

載，猶處也。營魄〔一〕，人之常居處也。一，人之真也〔二〕。言人能處常居之宅，抱一清神〔三〕能常無離乎？則萬物自賓也〔四〕。

專氣致柔，能嬰兒乎？

專，任也。致，極也。言任自然之氣，致至柔之和，能若嬰兒之無所欲乎？則物全而性得矣。

滌除玄覽，能無疵乎？

玄，物之極也。言能〔五〕滌除邪飾，至於極覽〔六〕，能不以物介〔七〕其明，疵（之）〔八〕其神乎？則終與玄同也。

愛民治國，能無知乎？

任術以求成，運數以求匿者〔九〕，智也。玄覽無疵，猶絕聖也。治國無以智，猶棄智也〔一〇〕。能無以智乎？則民不辟而國治之也〔一一〕。

天門開闔，能無雌乎？

天門，謂〔一二〕天下之所由從也。開闔，治亂之際也。或開或闔，經通於天下，故曰「天門開闔」也。雌應而不（倡）〔唱〕〔一三〕，因而不爲。言天門開闔能爲雌乎〔一四〕？則物自賓而處自安矣。

明白四達，能無爲乎？

言至明四達，無迷無惑〔一五〕，能無以爲乎？則物化矣〔一六〕。所謂道常無爲，侯王若能守，則萬物〔將〕自化〔一七〕。

生之、

不塞其原也。

畜之，

不禁其性也。

生而不有，爲而不恃，長而不宰，是謂玄德。

不塞其原，則物自生，何功之有？不禁其性，則物自濟，何爲之恃〔一八〕？物自長足，不吾宰成，有德無主，非玄而何〔一九〕？凡言玄德，皆有德而不〔二〇〕知其主，出乎幽冥〔二一〕。

校　釋

〔一〕「營魄」，楚辭遠遊王逸注「營魄」爲「靈魂」。河上公注：「營魄，魂魄也。」

〔二〕「真」，即樸。參看三章校釋〔九〕。

〔三〕「抱一」，即抱樸。「清」，靜。「清神」，即保持虛靜，不使物欲累害其精神。三十二章王弼注說：「抱樸無爲，不以物累其真，不以欲害其神，則物自賓而道自得也。」

〔四〕「賓」，歸附。「自賓」，即自來歸附。

〔五〕陶鴻慶說：此「能」字當爲衍文。

〔六〕「覽」，見、觀。「極覽」，即經文所謂「玄覽」，指一種排除一切物欲障礙之神祕的精神境界。所以說最終能「與玄同也」。按，老子「玄覽」一詞歷來說者紛紜。一說「覽」借爲「鑑」，鏡也。長沙馬王堆三號漢墓出土之帛書老子乙本經文正作「監」。然王弼注以「極覽」釋「玄覽」，則「覽」不得借爲「鑑」。

故此處以王弼義釋「覽」爲「見」、「觀」之意。

〔七〕「介」，陶鴻慶說：「讀爲界，限也。」波多野太郎說：「介」讀爲「疥」，與下「疵」同爲「病」義。

〔八〕「之」字，據道藏集義本及易順鼎、陶鴻慶、宇惠等説校删。按，「疵其神」與「介其明」同義，如有「之」字，則爲不辭。又，陶鴻慶說：「疵，纇（絲節）也。」

〔九〕「任術以求成」，意爲任用法術或權術以求得成就。「運數以求匿」，意爲運用術數或權術去探察别人隱匿之事。

〔一〇〕見十九章：「絶聖棄智，民利百倍。」

〔一一〕「辟」，借爲「避」。「民不辟」，意爲民不知有所避匿。四十九章王弼注：「無所察焉，百姓何避」，意與此同。又，「國治之也」，道藏集注本無「之」字。陶鴻慶說：當作「國自治」。

〔一二〕古逸叢書本無此「謂」字。

〔一三〕「唱」字，據道藏集注本及道藏集義本校改。道藏本作「昌」。按，作「唱」字是。六十八章王弼注：「後而不先，應而不唱。」周易訟卦初六爻辭王弼注也說：「凡陽唱而陰和，陰非先唱者也。」又，革卦六二爻辭注：「陰之爲物，不能先唱，順從者也」，均作「唱」。可爲證。

〔一四〕按，此句爲復述經文，然經文「能爲雌乎」誤作「能無雌乎」。古逸叢書本、道藏本、道藏集注本及長沙馬王堆三號漢墓出土帛書老子乙本經文均作「能爲雌乎」，可證。

〔一五〕道藏集注本於「無迷」下誤重「無迷」二字。

〔一六〕「物化」，萬物自然變化生成。語出莊子齊物論：「昔者莊周夢爲胡蝶，栩栩然胡蝶也，自喻適志與！不知周也。俄然覺，則蘧蘧然周也。不知周之夢爲胡蝶與？胡蝶之夢爲周與？周與胡蝶則必有分矣，此之謂物化。」

〔一七〕「將」字，據三十七章經文校補。三十七章說：「道常無爲而無不爲，侯王若能守之，萬物將自化。」又，道藏集義本「自化」作「自賓也」。

〔一八〕「濟」，成。「恃」，依靠，道藏集注本誤作「情」字。

〔一九〕「而何」，古逸叢書本、道藏本及道藏集注本均作「如何」，永樂大典本同。「如」、「而」古通。

〔二〇〕「不」字，道藏集注本誤作「又」。

〔二一〕王弼老子指略說：「玄也者，取乎幽冥之所出也。」故而此處說：「玄德……出乎幽冥。」又，文選東京賦李善注引此段注文作：「玄德者，皆有德不知其至，出於幽冥者也。」道藏藏室纂微本引作：「玄德者，有德而不知其主，出乎幽冥者也。」

十一章

三十輻共一轂，當其無，有車之用。

轂〔一〕所以能統三十輻者，無也。以其無能受物之故，故能以（實）〔寡〕〔二〕統衆也。

埏埴以爲器，當其無，有器之用。鑿户牖以爲室，當其無，有室之用。故有之以爲利，無之以爲用。

木、埴〔三〕、壁所以成三者，而皆以無爲用也。言無者，有之所以爲利，皆賴無以爲用也〔四〕。

校釋

〔一〕「轂」，車輪中間湊輻貫軸部件。説文：「轂，輻所湊也。」六書故：「輪之正中爲轂。空其中，軸所貫也，輻湊其外。」

〔二〕「寡」字，據陶鴻慶説校改。陶説：「『實』爲『寡』字之誤。此釋三十共一之義。」按，陶説是。王弼之意正謂轂雖爲一，然由於其以無爲用，故雖少而能統衆。如作「實」字則與義乖違。「以寡統衆」爲王弼重要思想之一。他在周易略例明彖中説：「夫衆不能治衆，治衆者至寡也。」「夫少者，多之所貴也；寡者，衆之所宗也。」

〔三〕「埴」，説文：「黏土也。」又，「木」字，波多野太郎説爲「車」之壞字。

〔四〕波多野太郎説「言無者……」句中衍「無者」二字。本句當作：「言有之所以爲利，皆賴無以爲用也。」

十二章

五色令人目盲，五音令人耳聾，五味令人口爽，馳騁畋獵令人心發狂，爽，差失也。失口之用，故謂之爽。夫耳、目、口、心〔一〕，皆順其性也。不以順性命，反以傷自然，故曰盲、聾、爽、狂也〔二〕。

難得之貨令人行妨。

難得之貨塞人正路，故令人行妨也。

是以聖人爲腹不爲目，故去彼取此。

爲腹者以物養己，爲目者以物役己〔三〕，故聖人不爲目也。

校　釋

〔一〕道藏集注本「口、心」二字倒乙。

〔二〕古逸叢書本「盲、聾」二字倒乙。

〔三〕「以物役己」之「物」字，道藏集注本誤作「目」。

十三章

寵辱若驚，貴大患若身。何謂寵辱若驚？寵，爲下得之若驚，失之若驚〔一〕，是謂寵辱若驚。

寵必有辱，榮必有患，（驚）〔寵〕〔二〕辱等，榮患同也。爲下得寵辱榮患若驚〔三〕，則不足以亂〔四〕天下也。

何謂貴大患若身？

大患，榮寵之屬也。生之厚必入死之地〔五〕，故謂之大患也。人迷之於榮寵，返之於身，故曰「大患若身」也〔六〕。

吾所以有大患者，爲吾有身，

由有其身也。

及吾無身，

歸之自然也。

吾有何患！故貴以身爲天下，若可寄天下；

無〔物可〕〔七〕以易其身，故曰「貴」也。如〔八〕此乃可以託天下也〔九〕。

愛以身爲天下，若可託天下。

無物可以損其身，故曰「愛」也。如此乃可以寄天下也。不以寵辱榮患損易其身，然後乃可以天下付之也〔一〇〕。

校釋

〔一〕「寵，爲下得之若驚，失之若驚」句，可讀爲：「寵爲下，得之若驚，失之若驚。」此據王弼注「爲下得寵辱榮患若驚」之意句讀。

〔二〕「寵」字，據陶鴻慶説校改。按，下文均以「寵辱」與「榮患」並提，此處「驚辱」爲「寵辱」之誤無疑。

〔三〕「爲下得寵辱榮患若驚」句，石田羊一郎老子王弼注刊誤本校改爲：「辱生於寵，故曰寵爲下，得寵辱榮患若驚，……」按，經文句讀本可不同（見校釋〔一〕），原注亦可通，不必如石田羊一郎改。

〔四〕「亂」，宇惠説，當作「治」字乃通。波多野太郎説：「『亂』疑爲『託』之譌。」按，此「亂」字當讀作論語泰伯「吾有亂臣十人」之「亂」，義即爲「治」。

〔五〕五十章王弼注：「生生之厚，更之無生之地。」又説：「蚖蟺以淵爲淺，而鑿穴其中；鷹鸇以山爲卑，而增巢其上。矰繳不能及，網罟不能到，可謂處於無死地矣。然而卒以甘餌，乃入於無生之地，豈非生生之厚乎？」此均爲明「生之厚」與「榮寵之屬」，會使人入「死之地」。又，波多野太郎説：「生之厚」當如五十章王弼注作「生生之厚」。

〔六〕「故曰大患若身也」，宇惠説：「大患」上奪一「貴」字。按，此句爲釋經文「何謂貴大患若身」，似以有「貴」字爲長。

〔七〕「物可」二字，據道藏集注本及陶鴻慶説校補。道藏集注本、道藏取善集及道藏藏室纂微本於「無」下均有一「物」字。陶説：「下句注云：『無物可以損其身，故曰愛也。如此乃可以寄天下也。』此注當云：『無物可以易其身，故曰貴也。如此乃可以託天下也。』十七章：『悠兮其貴言』，注云：『無物可以易其言』，釋『貴』字與此同，是其證也。」

〔八〕「如」字，道藏集注本奪。

〔九〕莊子讓王：「夫天下至重也，而不以害其生，又況他物乎？惟無以天下爲者，可以託天下也。」又，「託」字，陶鴻慶説，當與下節注之「寄」字互易。按，陶説非。此非注文竄易，而是今本老子經文竄易。據長沙馬王堆三號漢墓出土帛書老子甲、乙本此節經文均作「可以託天下」，而下節經文則作「可以寄天下」，可證此注文不誤。

〔一〇〕「付之」之「付」字，道藏集注本作「傳」字。

十四章

視之不見名曰夷，聽之不聞名曰希，搏之不得名曰微。此三者不可致詰，故混而爲一。

無狀無象，無聲無響，故能無所不通，無所不往。不得而知〔一〕，更以我耳、目、體不知爲名，故不可致詰〔二〕，混而爲一也。

其上不皦，其下不昧，繩繩不可名，復歸於無物，是謂無狀之狀，無物之象。

欲言無邪，而物由以成。欲言有邪，而不見其形。故曰：「無狀之狀，無物之象」也。

是謂惚恍。

不可得而定也〔三〕。

迎之不見其首，隨之不見其後。執古之道，以御今之有，

有，有其事〔四〕。

能知古始，是謂道紀。

無形無名者，萬物之宗也〔五〕。雖今古不同，時移俗易，故〔六〕莫不由乎此以成其治者也。故可執古之道以御〔七〕今之有。上古雖遠，其道存焉，故雖在今可以知古始也〔八〕。

校釋

〔一〕「不得而知」，道藏集注本作「不得知」。波多野太郎引一説謂：「『得』上疑脱『可』字。」

〔二〕「致詰」，推問。

〔三〕「定」，確定、固定。此處指没有固定之形象。二十一章王弼注：「恍惚，無形不繫之歎。」

〔四〕道藏取善集引此節注文作：「古今雖異，其道常存，執之者方能御物。」與各本均異，不知所本。

〔五〕「無形無名者」，即指道。「宗」，始、根之意。一章王弼注：「故未形無名之時，則爲萬物之始」，「言道以無形無名始成萬物」。

〔六〕「故」，此處當讀爲「固」，本然之辭。

〔七〕「御」，治。按，長沙馬王堆三號漢墓出土帛書老子甲、乙本經文均作：「執今之道，以御今之有，以知古始，是謂道紀。」未知孰是。

〔八〕此句意爲，常道古今是不變的。四十七章王弼注：「事有宗而物有主，途雖殊而（同）〔其〕歸（同）也，慮雖百而其致一也。道有大常，理有大致。執古之道，可以御今；雖處於今，可以知古始。」意與此同。

十五章

古之善爲士者，微妙玄通，深不可識。夫唯不可識，故强爲之容。豫焉若冬涉川，

冬之涉川，豫然〔一〕若〔二〕欲度，若不欲度，其情不可得見之貌也〔三〕。

猶兮若畏四鄰，

四鄰合攻中央之主，猶然不知所趣向者也〔四〕。上德之人，其端兆〔五〕不可覩，（德）〔意〕趣〔六〕不可見，亦猶此也。

儼兮其若容，涣兮若冰之將釋，敦兮其若樸，曠兮其若谷，混兮其若濁。

凡此諸若，皆言其容象不可得而形名也〔七〕。

孰能濁以静之徐清？孰能安以久動之徐生？

夫晦以理〔八〕，物則得明；濁以静，物則得清；安以動，物則得生。此自然之道也。孰能者，言其難也。徐者，詳慎也。

保此道者不欲盈，

盈必溢也〔九〕。

夫唯不盈，故能蔽不新成。

蔽，覆蓋也〔一〇〕。

校釋

〔一〕「豫然」，遲疑不決貌。

〔二〕「若」，道藏本作「者」字。

〔三〕「情」，實。道藏集注本無「貌也」之「也」字。此節注文釋經文「微妙玄通，深不可識」，就如同冬天渡河者，既像欲渡，又像不欲渡，其實情不可得而見。

〔四〕「猶然」，遲疑不決貌。道藏集注本無「趣向者也」之「者」字。

〔五〕「端兆」，細微之迹象。此處指表露在外部之聲色動作。

〔六〕「意」字，據陶鴻慶説校改。陶説：「十七章注云：『自然，其端兆不可得而見也，其意趣不可得而覩也。』與此同。」「意趣」，此處指内心之活動。

〔七〕此句意爲，「凡此諸若（如同）」，均説明「古之善爲士者」之「深不可識」，其聲色動作、内心意趣，不能給以確定之形容或名稱。又，道藏取善集本引此節注作：「藏精匿炤，外不異物，混同波塵，故曰若濁。」疑非王弼注文。

〔八〕「晦以理」，意爲雖晦暗不可見，然而自有明晰之條理。下文「濁以靜」、「安以動」，義同。

〔九〕道藏集注本脱此句注。

〔一〇〕道藏集注本脱此句注。

十六章

致虚極，守靜篤，

言致虚，物之極篤；守靜，物之真正也〔一〕。

萬物並作，

動作生長。

吾以觀復。

以虚靜觀其反復。凡有起於虚，動起於靜，故萬物雖並動作，卒復歸於虚靜，是物之極篤也〔二〕。

夫物芸芸，各復歸其根。

各返其所始也。

歸根曰靜，是謂復命。復命曰常，

歸根則靜，故曰「靜」。靜則復命，故曰「復命」也。復命則得性命之常，故曰「常」也〔三〕。

知常曰明，不知常，妄作，凶。

常之爲物，不偏不彰〔四〕，無皦昧之狀〔五〕、温涼之象〔六〕，故曰「知常曰明」也〔七〕。唯此復，乃能包通萬物〔八〕，無所不容。失此以往，則邪入乎分，則物離其分〔九〕，故曰不知常則妄作凶也。

知常容，

無所不包通也。

容乃公，

無所不包通，則乃至於蕩然公平也。

公乃王，

蕩然公平，則乃至於無所不周普也。

王乃天，

無所不周普，則乃至於同乎天也。

天乃道，

與天合德，體道大通〔一〇〕，則乃至於〔窮〕〔一一〕極虛無也。

道乃久。

窮極虛無，得道〔一二〕之常，則乃至於不窮極也〔一三〕。

沒身不殆。

無之爲物，水火不能害，金石不能殘。用之於心〔一四〕，則虎兕〔一五〕無所投其（齒）〔爪〕〔一六〕角，兵戈無所容其鋒刃，何危殆之有乎！

校釋

〔一〕陶鴻慶說：「『物之極篤』疑涉下節注文『是物之極篤也』而誤衍。原文當云：『致虛守靜，物之真正也』，『真正』即釋『極』、『篤』之義。」石田羊一郎老子王弼注刊誤本改此注爲：「言致虛，物之正極；守靜，物之真篤也。」波多野太郎引一說：「『極篤』之『篤』恐衍，『真正』二字當作『篤』。」按，此節注文恐有衍誤，據文選華林園集詩李善注引王弼釋「致虛極」注作：「言至虛之極也。」則疑此節注文當作：「言至虛之極也，守靜之真也。」「真」，即釋經文「篤」義。

〔二〕「篤」，真實、樸實。老子指略說：「未若抱素樸以全篤實」，即「篤」爲「實」義。又，文選雜體詩李善注引此節注最後一句「是物之極篤也」，作「各反其始，歸根則靜也」，與今本異。

〔三〕「常」，久。王弼以「靜」爲萬物之根本、長久之道。周易恒卦上六王弼注：「安者，上之所處也；靜者，可久之道也。」

〔四〕「偏」，偏愛，私屬。「不偏」，即無所偏私。此處與「不彰」對文，意爲沒有暗地裏之活動。

「彰」，明白可見。

〔五〕「皦」，光明。「昧」，昏暗。十四章：「其上不皦，其下不昧。」又，「皦」字，道藏本誤作「激」字。

〔六〕「温」，有「善」、「柔」、「厚」等義。廣雅釋詁一：「温，善也。」詩小宛：「飲酒温克」，王肅注：「柔也。」枚乘七發：「飲食則温淳甘膬」，注「凡味之厚也」。「涼」，有「不善」、「剛」、「薄」等義。小爾雅廣言：「涼，薄也。」左傳魯閔公二年「尨涼」，朱駿聲說文通訓定聲：「不善也。」老子指略說：「無形無名者，萬物之宗也。不温不涼，不宫不商。」又三十五章王弼注：「大象，天象之母也，〔不炎〕不寒，不温不涼……」此處「不偏不彰，無皦昧之狀，温涼之象」，均爲說明「常」是無，是包通萬有而没有任何具體事物那種偏於一方之屬性。

〔七〕「知常曰明」，五十五章王弼注：「不皦不昧，不温不涼，此常也。無形不可得而見，曰明也。」

〔八〕「包通」，覆蓋，貫通。永樂大典本無「乃」字。又，波多野太郎說：「『乃能』之『乃』字衍。『乃』、『能』相通，校者旁注誤入。」

〔九〕「物離其分」，道藏本及道藏集注本均無「其」字。陶鴻慶說：「則邪入乎分，則物離其分」句意義不明，疑有誤。陶說：「釋文出注『則物離乎分』五字，云『扶問反』，而不爲上句『分』字作音，則上句『分』爲誤字無疑。以義求之，疑當作『知』。其文云：『失此以往，邪入乎知，則物離乎分，故曰不知常，妄作凶也。』音末兩『則』字皆誤衍。」按，「邪入乎分」之「分」字無誤。疑「物離其分」之「分字」爲「真」字之誤。王弼在老子指略中說：「名必有所分」，「有分則有不兼」，又說：「名之者離其真」等等。觀此，此注上文説「常」爲「能包通萬物，無所不容」，是講「常」無分能兼，下文則説離開「常」，「則邪入乎分」，有分則有不兼，從而使「物離其真」，所以又説「不知常」、「妄作凶」。兩「則」字不必爲誤衍。又按，「物離其分」之「離」字或當釋爲「離禍」之「離」，即「罹」，義爲「遭受」、「陷入」。如此則「分」字不必誤，而上下文義也可通。「物離其分」，意即物陷入於分而不知反「常」。然不如作「物離其真」於注義爲長。

〔一〇〕「體道大通」，意爲體現出道包通萬物，無所不容之品德。

〔一一〕「窮」字，據陶鴻慶説校補。下文「窮極虚無，得道之常」即承此言，所以當有「窮」字。

〔一二〕「道」字，道藏集注本與永樂大典本均作「物」字。

〔一三〕「不窮極也」，古逸叢書本與道藏本均作「不有極也」。作「窮」者爲清四庫館臣據永樂大典本校改。又，道藏集注本脱「不」字。

〔一四〕「用之於心」，意爲以「無」用之於心，即使心無思慮、無欲求，如此才能無危殆。五十章王弼注：「善攝生者，無以生爲生，故無死地也。器之害者，莫甚乎（戈兵）〔兵戈〕；獸之害者，莫甚乎兕虎。而令兵戈無所容其鋒刃，虎兕無所措其爪角，斯誠不以欲累其身者也，何死地之有乎？……故物，苟不以求離其本，不以欲渝其真，雖入軍而不害，陸行而不（可犯）〔犯，可〕也。」

〔一五〕「兕」，説文：「如野牛，青色，其皮堅厚可制鎧。」「虎兕」，道藏集注本作「兕虎」。

〔一六〕「爪」字，據道藏集注本及永樂大典本校改。按，五十章王弼注：「虎兕無所措其爪角」同此。

十七章

太上，下知有之。

太上，謂大人也。大人在上，故曰「太上」。大人在上，居無爲之事，行不言之教，萬物作焉而不爲始〔一〕，故下知有之而已。言從上也。〔二〕。

其次，親而譽之。

不能以無爲居事，不言爲教，立善行施〔三〕，使下得親而譽之也。

其次，畏之。

不復能〔四〕以恩仁令物，而賴威權也。

其次，侮之。

不能（法）以正齊民〔五〕，而以智治國，下知避之，其令不從，故曰：「侮之」也〔六〕。

信不足，焉有不信焉。

夫御體失性〔七〕，則疾病生；輔物失真，則疵釁作〔八〕。信不足焉，則有不信〔九〕，此自然之道也。已處不足，非智之所（齊）〔濟〕也〔一〇〕。

悠兮其貴言。功成事遂，百姓皆謂我自然。

自然，其端兆不可得而見也，其意趣不可得而覩也。無物可以易其言，言必有應，故曰「悠兮其貴言」也〔二〕。居無爲之事，行不言之教，不以形立物〔三〕，故功成事遂，而百姓不知其所以然也。

校釋

〔一〕按，「萬物作焉而不爲始」之「始」字，疑當作「施」字，音近而誤。下文注說：「不能以無爲居事，不言爲教，立善行施，……」正承此言，可爲證。又，五章王弼注：「天地任自然，無爲無造，萬物自相治理，故不仁。仁者必造立施化，有恩有爲。……」意與此同，亦可爲「始」當作「施」之證。

〔二〕「言從上也」四字，道藏本與道藏集注本均在下節經文「信不足，焉有不信焉」句注文之首。又，張之象本原與道藏本同，清四庫館臣據永樂大典本校改於此。按，當從道藏本等。此節注文至「故下知有之而已」文義已足，不必更有「言從上也」以爲蛇足。然「言從上也」四字在下節「信不足，焉有不信焉」句注文之首，則正爲釋因在上者信不足，於是下從上而亦有不信，並與下文「夫御體失性，……」文義相接。

〔三〕波多野太郎說：「不言爲教」上宜補一「以」字。「行施」，道藏集注本作「施化」。

〔四〕「復能」，古逸叢書本、道藏本、道藏集注本均作「能復」。

〔五〕「法」字，據陶鴻慶說校删。又陶說：「以正齊民」之「正」當爲「法」字之誤。其說：「『法』字古文作『佱』，遂誤爲『正』，後人輒增『法』字以足義耳。」按，「法」爲衍文，當删。「正」不必爲「法」字之誤。

「正」通「政」，「以正齊民」，即如論語爲政「道之以政，齊之以刑」之意，亦即上節注文所謂之「賴威權」。

〔六〕 六十五章王弼注：「民之難治，以其多智也。當務塞兑閉門，令無知無欲。而以智術動民，邪心既動，復以巧術防民之僞，民知其術，（防隨）〔隨防〕而避之，思惟密巧，奸僞益滋，故曰：『以智治國，國之賊也。』」

〔七〕 「御」，治。「御體失性」，意爲調理身體而不合身體之自然本性，所以説「則疾病生」。

〔八〕 「釁」，瑕。「疵釁」，瑕疵，污點，也爲有毛病之意。

〔九〕 按，經文「信不足，焉有不信焉」句，據馬叙倫説句讀。馬引王念孫説：上「焉」字，「於是也」。又説，王弼注「信不足焉，則有不信」，是王弼不明「焉」字當作「於是」義解，故增「則」字解之。馬説是。然觀二十三章經文末亦有「信不足，焉有不信焉」句，而王弼注作：「忠信不足於下，焉有不信焉」，則王弼釋經文之意並不誤，此處「則」字恐爲衍文。又按，馬叙倫説，疑此（指二十三章「信不足」句）爲「十七章錯簡在此，校者不敢删，因複記之成今文矣」。録以參考。

〔一〇〕 「濟」字，據道藏本與道藏集注本校改。「濟」，賙救。「非智之所濟也」，意爲既已處於不足，則不是用智所能救助而成的。

〔一一〕 「悠」，閒暇貌，無所作爲之意，道藏集注本作「猶」字。「貴言」，意爲不輕易立言。

〔一二〕 「形」，通「刑」。「不以形立物」，即不「賴威權」、不「以正（政）齊民」之意。

十八章

大道廢，有仁義；

失無爲之事，更以施慧立善〔一〕，道進物也〔二〕。

慧智出，有大僞；

行術用明〔三〕，以察姦僞，趣覩形見〔四〕，物知避之〔五〕。故智慧〔六〕出則大僞生也。

六親不和，有孝慈；國家昏亂，有忠臣。

甚美之名，生於大惡，所謂美惡同門〔七〕。六親，父子、兄弟、夫婦也。若六親自和，國家自治，則孝慈、忠臣不知其所在矣。魚相忘於江湖之道，則相濡之德生也〔八〕。

校釋

〔一〕「更」，說文：「改也。」「慧」，通「惠」。道藏集注本正作「惠」。又，「施慧」，道藏本誤作「於慧」。宇惠據此以爲當作「智慧」。

〔二〕「道進物也」，意爲失道之純樸而進於有形之物。即如二十八章所說之「樸散則爲器」，三十八章所說之「失道而後德」。

〔三〕「行術用明」，任用法術和智慧。

〔四〕「趣」，意趣。「形」，指聲色動作。「趣覩形見」，意爲如果任用法術智慧，那末統治者的内心活動及聲色就都暴露出來了。十五章王弼注説：「上德之人，其端兆不可覩，〔德〕〔意〕趣不可見。」十七章王弼注也説：「自然，其端兆不可得而見也，其意趣不可得而覩也。……故功成事遂，而百姓不知其所以然也。」

〔五〕「物知避之」，意爲統治者之意趣、端兆都暴露出來，萬物就知道如何防備、躲避了。六十五章王弼注：「民知其術，〔防隨〕〔隨防〕而避之。」

〔六〕「智慧」，道藏集注本作「智惠」。

〔七〕二章王弼注：「美惡猶喜怒也，善不善猶是非也。喜怒同根，是非同門，故不可得而偏舉也。」又，「同門」，道藏集注本誤作「同内」。

〔八〕「魚相忘於江湖之道」，語出莊子大宗師：「泉涸，魚相與處於陸，相呴以溼，相濡（或作濡）以沫，不如相忘於江湖。」（又見莊子天運）按，「魚相忘於江湖之道，則相濡之德生也」，文義不通，疑有脱誤。陶鴻慶説：「『之道』上奪『相忘』二字，下奪『失』字。其文云：『魚相忘於江湖，相忘之道失，則相濡之德生也。』『魚相忘於江湖』，語出莊子，而莊子天運篇郭注云：『失於江湖，乃思濡沫』，義與此同。」陶説可通。然細玩王弼注文之意，於前文説：「六親自和，國家自治，則孝慈忠臣不知其所在矣。」則此處似當作「魚相忘於江湖之道，則相濡之德〔不知其所〕生也」。其以「魚相忘於江湖之道」，承「六親自和，國家自治」之義，以「則相濡之德〔不知其所〕生也」，與「則孝慈忠臣不知其所在矣」對文。其意謂因「六親自和，國家自治」，則不須有「孝慈忠臣」之名，因「魚相忘於江湖之道」，則不須有「相濡之德」。然因「相濡之德」下誤奪「不知其所」四字，以致文義不暢。

十九章

絶聖棄智，民利百倍；絶仁棄義，民復孝慈；絶巧棄利，盜賊無有。此三者，以爲文不足，故令有所屬，見素抱樸，少私寡欲。

聖智，才之善也；仁義，（人）〔行〕〔一〕之善也；巧利，用之善也。而直云絶〔二〕，文甚不足〔三〕，不令之有所屬〔四〕，無以見其指〔五〕。故曰此三者以爲文而未足，故令人有所屬〔六〕，屬之於素樸寡欲。

校釋

〔一〕「行」字，據易順鼎及宇惠説校改。按，作「行」字是。釋文正作「行」字。「行」與上文「才」，下文「用」相對，從三方面説明人之最善者。

〔二〕「而直云絶」，道藏集注本重一「云」字。又波多野太郎説，據經文「絶」下當有一「棄」字。

〔三〕「文」，文飾，引申爲示範或教育之意。波多野太郎引一説，以爲「文甚」恐爲「文而」之誤。

〔四〕「屬」，足，與上「不足」對言。左傳昭公二十八年：「願以小人之腹爲君子之心，屬厭而已。」杜預注：「屬，足也。言小人之腹飽猶知厭足，君子之心亦宜然。」又，道藏集注本無「不令之」之

「之」字。

〔五〕「指」，通「旨」，宗旨。

〔六〕波多野太郎引一说，以爲「故曰此三者以爲文而未足」之「而」爲衍文。「故令人有所屬」之「人」字當作「之」。

二十章

絶學無憂。唯之與阿，相去幾何？善之與惡，相去若何？人之所畏，不可不畏。

下篇〔云〕〔一〕，爲學者日益，爲道者日損〔二〕。然則學求益所能〔三〕，而進其智者也。若將無欲而足，何求於益？不知而中〔四〕，何求於進？夫燕雀有匹，鳩鴿有仇〔五〕；寒鄉之民，必知旃裘〔六〕。自然已足，益之則憂。故續鳧之足，何異截鶴之脛〔七〕；畏譽而進，何異畏刑〔八〕？唯（阿）〔訶〕美惡〔九〕，相去何若〔一〇〕。故人之所畏，吾亦畏焉。未敢恃之以爲用也。

荒兮其未央哉！

歎與俗相（返）〔反〕之遠也〔一一〕。

衆人熙熙，如享太牢，如春登臺。

衆人迷於美進，惑於榮利，欲進心競，故熙熙〔一二〕如享太牢〔一三〕，如春登臺也〔一四〕。

我獨泊兮其未兆，如嬰兒之未孩。

言我廓然〔一五〕無形之可名，無兆之可舉，如嬰兒之未能孩也〔一六〕。

儽儽兮若無所歸。

若無所宅。

衆人皆有餘，而我獨若遺。

衆人無不有懷有志，盈溢胸心，故曰「皆有餘」也。我獨廓然無爲無欲，若遺失之也。

我愚人之心也哉！

絶愚之人，心無所別析，意無所（好欲）〔美惡〕〔一七〕，猶然其情不可覩〔一八〕，我頽然若此也〔一九〕。

沌沌兮！

無所別析，不可爲（明）〔名〕〔二〇〕。

俗人昭昭，

耀其光也。

我獨昏昏；俗人察察，

分別別析也〔二一〕。

我獨悶悶。澹兮其若海，

情不可覩。

飂兮若無止。

無所繫縶〔二二〕。

衆人皆有以，

以，用也。皆欲有所施用也。

而我獨頑似鄙。

無所欲爲，悶悶昏昏，若無所識，故曰「頑且鄙」也〔二三〕。

我獨異於人，而貴食母。

食母，生之本也〔二四〕。人（者）〔二五〕皆棄生民之本，貴末飾之華〔二六〕，故曰「我獨欲異於人」〔二七〕。

校釋

〔一〕「云」字，據道藏集注本校補。

〔二〕語見四十八章：「爲學日益，爲道日損；損之又損，以至於無爲。」

〔三〕「然則學求益所能」，道藏集注本作「然則學者之求益所能」。

〔四〕「中」，當也。

〔五〕「仇」，爾雅釋詁：「合也」，匹配之意。又「燕雀」之「燕」，原作「鷰」，清四庫館臣據永樂大典本校改。

〔六〕「旃」，通「氈」；「裘」，皮衣。

〔七〕語出莊子駢拇：「長者不爲有餘，短者不爲不足。是故鳧脛雖短，續之則憂；鶴脛雖長，斷之則悲。故性長非所斷，性短非所續，無所去憂也。」又，周易損卦象辭王弼注也說：「自然之質，各定其分：短者不爲不足，長者不爲有餘，損益將何加焉？」又，「脛」字，古逸叢書本作「頸」。

〔八〕此句意爲，畏懼榮譽之增添如同畏懼刑罰加身一樣。宇惠說，「譽」字當作「學」。

〔九〕「唯」，唯諾。「訶」，說文：「大言而怒也。」原爲「阿」，據劉師培、易順鼎說校改。易說：「唯」、「阿」義同，於文不合，疑「阿」當作「呵」。按，劉、易之說是。據長沙馬王堆三號漢墓出土帛書老子甲本經文作「訶」，乙本經文作「呵」。「呵」乃「訶」之俗文。又，老子經文「善之與惡」當如注作「美之與惡」，帛書老子甲乙本均作「美」可證。

〔一〇〕「何若」，何如，幾許。意爲「美」與「惡」相去無幾。十八章王弼注：「甚美之名，生於大惡，所謂美惡同門。」

〔一一〕「反」字，據宇惠說校改。按，據文義，此處爲「相反」義，當作「反」。古文「返」可作「反」，然未有「反」作「返」者。

〔一二〕「熙熙」，悦樂貌。河上公注：「淫放多情欲也。」

〔一三〕「享」，通「饗」，祭祀。「太牢」，吕氏春秋仲春紀高誘注：「三牲（牛、羊、豕）具曰太牢。」又，「如享太牢」之「如」字，道藏本及道藏集注本均作「若」。「如」、「若」義通。

〔一四〕「如春登臺」，成玄英老子道德經疏：「又如春日登臺，眺望村野。」河上公注：「春時陰陽交通，萬物感動，登臺觀之，意志淫淫然。」

〔一五〕「廓然」，空廣貌。

〔一六〕「孩」，借作「咳」。長沙馬王堆三號漢墓出土帛書老子乙本經文正作「咳」字。説文：「咳，小兒笑也。」又，道藏本無「之」字，據古逸叢書本校改。按，「好欲」當作「美惡」，「意無所美惡」，正與上文「心無所別析」文義相應。又，宇惠本作「好惡」，義亦可通。

〔一七〕「美惡」二字，據古逸叢書本校改。按，「好欲」當作「美惡」，「意無所美惡」，正與上文「心無所別析」文義相應。又，宇惠本作「好惡」，義亦可通。

〔一八〕「其情不可覩」，見十五章王弼注：「上德之人，其端兆不可覩，（德）〔意〕趣不可見。」

〔一九〕「頹然」，順從貌。禮記檀弓上：「拜而後稽顙，頹乎其順也。」鄭玄注：「頹，順也」，孔穎達疏：「頹然，不逆之意也。」

〔二〇〕「名」字，據古逸叢書本、道藏本、道藏集注本校改。按，「明」當是「名」字之音誤。二十五章王弼注：「名以定形。混成無形，不可得而定，故曰不知其名」；三十八章王弼注：「名則有所分，形則有所止。」又，王弼老子指略：「名必有所分，稱必有所由；有分則有不兼，有由則有不盡。」「名也者，定彼者也。」據此，知「名」爲有所別析之意。此注説：「無所別析」，則當作「不可爲名」爲是。再則，「名」不當爲「明」，亦可由十六章「知常曰明」注文之意證之。十六章王弼注説：「常之爲物，不偏不彰，無皦昧之狀、温涼之象，故曰知常曰明。」五十五章王弼注：「無形不可得見，〔故曰知常〕曰明也。」「常」，即「無所別析」，故知「無所別析」亦即「知常」，可稱爲「明」。此注既説「無所別析」，則不當説是「不明」，亦顯而易見者。

〔二一〕「分別別析也」，陶鴻慶説，當作「有所別析也」。「此章經文以『有爲』、『無爲』對舉成義，上文注兩言『無所別析』，疑此注『分別』即『有所』二字之誤。」又，宇惠説：「『分別別析也』下『別』字，恐爲『剖』字之誤。」

〔二二〕「縶」，連。道藏集注本「繫縶」作「繫繫」。

〔二三〕「頑」，愚鈍。又，左傳僖公二十四年：「心不則德義之經爲頑。」「鄙」，樸野、不仁之義。

〔二四〕「食母」，指道。按，「生」字下疑脱一「民」字。此注當作：「食母，生民之本也。」下文「棄生民之本」句，正承此言。

〔二五〕「者」字，據易順鼎、陶鴻慶説校删。陶説：「『人』下不當有『者』字，即『皆』字之誤而衍者。或當在『食母』下。」

〔二六〕「本」，指道、母、樸。「末」，指仁、義、禮、智。又，「末飾」，道藏集注本誤作「未飾」。

〔二七〕按，此句疑當作「故曰我欲獨異於人」。長沙馬王堆三號漢墓出土帛書老子甲乙本經文均作「我欲獨異於人，而貴食母」，可證。

二十一章

孔德之容，惟道是從。

孔，空也。惟〔一〕以空爲德，然後乃能動作從道〔二〕。

道之爲物，惟恍惟惚。

恍惚，無形不繫之歎〔三〕。

惚兮恍兮，其中有象；恍兮惚兮，其中有物。

以無形始物，不繫成物，萬物以始以成，而不知其所以然。故曰「恍兮惚兮，〔其中有物〕」〔四〕；「惚兮恍兮，其中有象」也〔五〕。

窈兮冥兮，其中有精；

窈冥，深遠之歎〔六〕。深遠不可得而見，然而萬物由之。（其）〔不〕〔七〕可得見，以定其真〔八〕，故曰「窈兮冥兮，其中有精」也。

其精甚真，其中有信。

信，信驗也。物反窈冥，則真精之極得，萬物之性定，故曰「其精甚真，其中有信」也。

自古及今，其名不去，

至真之極〔九〕，不可得名。無名，則是其名也。自古及今，無不由此而成，故曰「自古及今〔一〇〕，其名不去」也。

以閲衆甫。

衆甫，物之始也，以無名（説）〔閲〕〔一一〕萬物始也〔一二〕。

吾何以知衆甫之狀哉？以此。

此，上之所云也。言吾何以知萬物之始於無哉〔一三〕，以此知之也。

校釋

〔一〕「惟」，道藏本及道藏集注本均作「唯」。「唯」、「惟」古通。

〔二〕「空」，虚無，無爲。十六章王弼注：「凡有起於虚，動起於静，故萬物雖並作，卒復歸於虚静，是物之極篤也。」

〔三〕道藏集注本脱此節注文。

〔四〕「其中有物」四字，據俞樾説校補。俞説：「『恍兮惚兮』下當有『其中有物』四字。注乃全舉經文。」宇惠説：「『其中有象』之『象』上疑脱『物』字。」

〔五〕此處所講「有物」、「有象」均爲「恍惚」之物象，亦即所謂「無狀之狀，無物之象」。十四章王弼注：「欲言無邪，而物由以成。欲言有邪，而不見其形，故曰無狀之狀，無物之象也。」

〔六〕「之歎」二字，文選鍾山詩應西陽王教李善注引作「貌」。易順鼎説，據此，「歎」字當爲「狀」字之誤。上「恍惚，無形不繫之歎」之「歎」亦當作「狀」。又，「歎」字，道藏集注本誤作「欺」。按，作「貌」或「狀」於義爲長。

〔七〕「不」字，據文選鍾山詩應西陽王教李善注引校改。按，據上下文義當作「不」字。此作「其」者，易順鼎説涉下文之「其」字而誤。

〔八〕「真」，實。「以定其真」，意爲道雖窈冥深遠不可見，但萬物根據它才得定其實在。即下節注所謂：「物反窈冥，則真精之極得，萬物之性定。」

〔九〕「至真之極」，即指道、無、樸、常。三十二章王弼注：「道，無形不繫，常不可名。以無名爲常，故曰道常無名也。」

〔一〇〕「故曰自古及今」，道藏集注本及老子經文及注均作「故曰自今及古」。按，長沙馬王堆三號漢墓出土帛書老子甲乙本經文均作「自今及古」，據此，此段王弼注文兩處「自古及今」，當均爲「自今及古」之誤。

〔一一〕「閲」字，據宇惠説校改。按，此爲釋經文「以閲衆甫」，當作「閲」，作「説」者音同而誤。道藏取善集本正作「閲」。

〔一二〕此節注文林羅山老子經抄、歸有光批閲老子道德經本及王夫之老子衍均引作：「閲自門出者，一一而數之，言道如門，萬物皆自此以往也。」按，此皆據焦竑老子翼注：「王輔嗣曰：信，驗也。閲自門出者，一一數之，言道如門，萬物皆自此以往也」誤抄。其實，自「閱自門出者」以下非王注。

〔三〕「言吾何以知萬物之始於無哉」句，道藏集注本作：「言吾何以知萬物之始，皆始於無哉。」波多野太郎說，疑集注「皆」上衍「始」一字，諸本「始」上均脱一「皆」字。

二十二章

曲則全，

（不自見，〔則〕其明（則）全也。）〔一〕

枉則直，

（不自是，則其是彰也。）

窪則盈，

（不自伐，則其功有也。）

敝則新，

（不自矜，則其德長也。）

少則得，多則惑。

自然之道，亦猶樹也。轉多轉遠其根〔二〕，轉少轉得其本。多則遠其真〔三〕，故曰「惑」也。少則得其本，故曰「得」也。

是以聖人抱一，爲天下式。

一，少之極也。式，猶則（之）也〔四〕。

不自見故明，不自是故彰，不自伐故有功，不自矜故長。夫唯不爭，故天下莫能與之爭。古之所謂曲則全者，豈虚言哉！誠全而歸之。

校釋

〔一〕此句據易順鼎、陶鴻慶説校改。按，下各節注作「不自是，則其是彰也」，「不自伐，則其功有也」，「不自矜，則其德長也」，均爲同一句法，此句「則」字誤在「明」字下，爲傳抄而誤，故據改。道藏集注本「明」誤作「名」。清四庫館臣亦説：「明」原誤作「名」，據永樂大典本校。又按，此節注並下「不自是，則其是彰也」，「不自伐，則其功有也」，「不自矜，則其德長也」三節注文，據易順鼎説移至二十四章，説見該章校釋〔二〕。

〔二〕「轉」，愈也。四十二章王弼注：「以一爲主，一何可舍，愈多愈遠，損則近之，損之至盡，乃得其極」，義與此同。

〔三〕「真」，即本也。

〔四〕「之」字，據文選養生論李善注引校删。波多野太郎説：「『也』、『之』形似而衍也。」……

『也』、『之』誼相通。」四十二章王弼注：「萬物萬形，其歸一也」，「以一爲主」，所以此處以「一」爲天下萬事萬物之法則。按，二十八章王弼注：「式，模則也」，正可證此處「之」字爲衍文。

二十三章

希言自然。

聽之不聞名曰希〔一〕。下章言，道之出言，淡兮其無味也，視之不足見，聽之不足聞〔二〕。然則無味不足聽之言〔三〕，乃是自然之至言也。

故飄風不終朝，驟雨不終日。孰爲此者？天地。天地尚不能久，而況於人乎？

言暴疾美興不長也〔四〕。

故從事於道者，道者同於道，

從事，謂舉動從事於道者也。道以無形無爲成濟萬物，故從事於道者以無爲爲君〔五〕，不言爲教，緜緜若存，而物得其眞。與道同體，故曰「同於道」。

德者同於德，

得，少也。少則得，故曰得也。行得則與得同體，故曰「同於得」也〔六〕。

失者同於失。

失，累多也。累多則失，故曰「失」也。行失則與失同體，故曰「同於失」也〔七〕。

同於道者，道亦樂得之；同於德者，德亦樂得之；同於失者，失亦樂得之。

言隨（行）其所〔行〕，故同而應之〔八〕。

信不足，焉有不信焉。

忠信不足於下，焉有不信焉〔九〕。

校釋

〔一〕見十四章：「視之不見名曰夷，聽之不聞名曰希，搏之不得名曰微。」

〔二〕「下章」，指三十五章。三十五章說：「道之出（口）〔言〕，淡乎其無味，視之不足見，聽之不足聞，用之不足既。」

〔三〕按，「不足聽之言」，疑當作「不足聞之言」。前文兩處均說：「聽之不聞」、「聽之不足聞」。

〔四〕波多野太郎引一說：「『興』疑『譽』之誤。」又，石田羊一郎老子王弼注刊誤改此節注爲：「言暴興疾步不長也。」並說：「『步』本作『美』，不知何義，因改『暴興』與『疾步』對。『暴興』以訓『飄』，『疾步』以釋『驟』。」按，「疾美」二字疑衍。此句原當作：「言暴興不長也。」三十章王弼注：「飄風不終朝，驟雨不終日，故暴興必不道，早已也。」義正與此相同。

〔五〕蔣錫昌老子校詁以爲「以無爲爲君」之「君」字，疑當作「居」字。按，作「居」爲是。如十七章王弼注：「大人在上，居無爲之事，行不言之教。」六十三章王弼注：「以無爲爲居，以不言爲教，以恬淡爲味，治之極也。」七十二章王弼注：「清（淨）〔靜〕無爲謂之居。」並可爲證。「居」，處也，安也。

〔六〕此節注文陶鴻慶説：「『得，少也』義不可通。『德』、『得』二字古雖通用，而經文自作『德』。此注當云：『德，得也。少則得，故曰德也。行得則與德同體，故曰同於德也。』『少則得，多則惑』本上章經文。」波多野太郎説：「陶説非是，此注與下注相對爲句。『得，少也』；『失，累多也』相對。『少則得，故曰得也』；『累多則失，故曰失也』相對。『行得則與得同體，故曰同於得也』；『行失則與失同體，故曰同於失也』亦相應，乃知此注本無誤。」按，注文義無誤，不必如陶説改。「得」、「德」古通，道藏集注本「少則得」之「得」字正作「德」。又，易順鼎、劉師培據王注均作「得」，並以爲老子經文「德者同於德」兩「德」字均當作「得」，與下文「失者同於失」對。

〔七〕此節注文陶鴻慶説：「此當云『失，累也。多則累，故曰失也。行累則與失同體，故曰同於失也』。『累』，讀如莊子『有人者累』之『累』。」波多野太郎説：「陶説臆改甚矣，此注與上注相對爲句，無誤。」按，此節注文義自可通，且與上節注文相對，不必如陶説改。又，道藏集注本「則與失同體」句於「則」下衍一「失」字。

〔八〕此節注文據陶鴻慶説校改。陶説：「『隨行其所』當作『隨其所行』，承上文『行得』、『行累』而言。『故』字疑衍。」按，陶説是。此節注文意爲，道隨物所行而應之。因此節經文已誤，故注文難解。今據長沙馬王堆三號漢墓出土帛書老子甲乙本，此節經文均作：「同於德者，道亦德之；同於失者，道亦失之。」王注之義正同此。

〔九〕按，此節經文與注均爲十七章文而誤衍於此。長沙馬王堆三號漢墓出土帛書老子甲乙本此章均無此節經文可證。參看十七章校釋〔九〕。

二十四章

企者不立，

物尚進則失安，故曰「企者不立」〔一〕。

跨者不行，自見者不明，

〔不自見，則其明全也。〕

自是者不彰，

〔不自是，則其是彰也。〕

自伐者無功，

〔不自伐，則其功有也。〕

自矜者不長。

〔不自矜，則其德長也。〕〔二〕

其在道也，曰餘食贅行。

其唯於道而論之，若郤至之行〔三〕，盛饌之餘也。本雖美，更可薉也〔四〕。本雖有功而自伐之，故更爲肬贅者也〔五〕。

物或惡之，故有道者不處。

校釋

〔一〕「企」，同「跂」，進也。此句意爲，物尚進於榮利則失安，所以説尚進者不得久立。

〔二〕以上四節注文據易順鼎説由二十二章校移至此。易説：「二十二章『曲則全』注云：『不自見，則其明全也』；『枉則直』注云：『不自是，則其是彰也』；『窪則盈』注云：『不自伐，則其功有也』；『敝則新』注云：『不自矜，則其德長也。』注與經文全不相合，蓋本係此四句之注，不知何時奪誤，移注於彼耳。」

〔三〕「郤至之行」，郤至，春秋時晉大夫。左傳成公十六年載，晉與楚鄢陵之戰，楚敗，「晉侯使郤至獻楚捷於周，與單襄語，驟稱其伐。單子語諸大夫曰：『温季（即郤至）其亡乎？位於七人之下，而求掩其上，怨之所聚，亂之本也。多怨而階亂，何以在位。夏書曰：怨豈在明，不見是圖，將慎其細也。今而明之其可乎！』」杜預注：「言郤至顯稱己功，所以明怨咎。」王弼引此以説明經文「自見者不明，……自矜者不長」之所以爲「餘食贅行」之意。

〔四〕「薉」，荒蕪，引申爲惡義。

〔五〕「故更爲肬贅者也」，文選奏彈王源李善注引此句無「者」字。又，此節注文陶鴻慶說：「『唯』當爲『在』字之誤。『而論之』當在下文『本雖美』之下，『本雖美而論之』與『本雖有功而自伐之』文義一律。『論』謂言説。『論』與『自伐』，皆承經文『自見』、『自是』、『自伐』、『自矜』而言也。『本雖美而論之』二句，釋經文『餘食』；『本雖有功而自伐之』二句，釋經文『贅行』。」波多野太郎說：「陶説非是。夫惟云云，故是老子句法，弼效之曰『其惟』云故也。而『其唯於道而論之』，釋經文『其在道也』四字。『且自伐之』四字涉經文『自伐者』而衍。『者』字亦衍，『故』字應在『贅』字下，此下宜補『曰餘食贅行』五字。其文云：『其唯於道而論之，若郤至之行，盛饌之餘也。本雖美，更可薉也，本雖有功更爲肬贅，故曰餘食贅行也。』然陸氏（釋文）既出『更爲肬』三字，其誤久矣。」按，注文文義自可通，不必如陶説、波説改易。又按，此章經文長沙馬王堆三號漢墓出土帛書老子甲乙本均在今本二十一章後，二十二章前，與今本章次異。

二十五章

有物混成，先天地生，

混然不可得而知，而萬物由之以成，故曰「混成」也。不知其誰之子，故〔一〕先天地生。

寂兮寥兮，獨立不改，

寂寥〔一一〕，無形體也。無物(之匹)〔匹之〕〔三〕，故曰「獨立」也。返化〔四〕終始，不失其常，故曰「不改」也。

周行而不殆，可以爲天下母。

周行無所不至而(免)〔不危〕殆〔五〕，能生全大形也〔六〕，故可以爲天下母也〔七〕。

吾不知其名，

名以定形。混成無形，不可得而定，故曰「不知其名」也。

字之曰道，

夫名以定形，字以稱可〔八〕。言道取於無物而不由也，是混成之中，可言之稱最大也。

强爲之名曰大。

吾所以字之曰道者，取其可言之稱最大也。責其字定〔九〕之所由，則繫於大。(大)〔夫〕〔一〇〕有繫則必有分，有分則失其極矣〔一一〕，故曰「强爲之名曰大」〔一二〕。

大曰逝，

逝，行也。不守一大體而已〔一三〕，周行無所不至，故曰「逝」也。

逝曰遠，遠曰反。

遠，極也。周〔行〕〔一四〕無所不窮極，不偏於一逝〔一五〕，故曰「遠」也。不隨於所適〔一六〕，其體獨立，故曰

「反」也〔一七〕。

故道大，天大，地大，王亦大。

天地之性人爲貴，而王是人之主也，雖不職〔一八〕大，亦復爲大。與三匹〔一九〕，故曰「王亦大」也。

域中有四大，

四大，道、天、地、王也。凡物有稱有名，則非其極也〔二〇〕。言道則有所由，有所由〔二一〕，然後謂之爲道，然則（是道）〔道是〕〔二二〕稱中之大也。不若無稱之大也〔二三〕。無稱不可得而名，〔故〕〔二四〕曰域也。道、天、地、王皆在乎無稱之内，故曰「域中有四大」者也〔二五〕。

而王居其一焉。

處人主之大也。

人法地，地法天，天法道，道法自然。

法，謂法則也。人不違地，乃得全安，法地也。地不違天，乃得全載，法天也。天不違道，乃得全覆，法道也。道不違自然，乃得其性，〔法自然也〕〔二六〕。法自然者，在方而法方，在圓而法圓，於自然無所違也〔二七〕。自然者，無稱之言，窮極之辭也〔二八〕。用智不及無知〔二九〕，而形魄不及精象，精象不及無形，有儀不及無儀〔三〇〕，故轉相法也〔三一〕。道（順）〔法〕〔三二〕自然，天故資焉。天法於道，地故則焉。地法於天，人故象焉。〔王〕所以爲主，其（一）〔主〕之者（主）〔一〕也〔三三〕。

校釋

〔一〕宇惠說：「『故』字下當有『曰』字。」

〔二〕「寂寥」，宇惠本作「寂寞」。

〔三〕「匹之」，據陶鴻慶說校改。「無物匹之」意爲，無物可與「無」相匹敵。按，陶說是，六十二章王弼注說：「言道無所不先，物無有貴於此也。雖有珍寶璧馬，無以匹之。」可證此處之「之匹」當作「匹之」。

〔四〕「返」，歸。「化」，變。波多野太郎引一說：「返」當作「變」。

〔五〕「而不危殆」，據陶鴻慶說校改。陶說：「『而免殆』當作『而不危殆』。永樂大典本『免』正作『危』，而奪去『不』字。後人輒改『危』爲『免』，非注意也。」按，陶說是。王弼此句爲釋經文「而不殆」，「殆」，危也，所以說「而不危殆」。王弼之意，道不僅是「免殆」，而且是根本「不危殆」，若作「免殆」，則於王弼之意不合。

〔六〕「大形」，即無形，指道。波多野太郎說：「生」字疑涉「全」字而衍。按，此句疑當作「能全大形也」。意爲，道周行無所不至而不危殆，不拘守於一體，所以能全其大形，爲天下母。又，波多野太郎說：「『免殆』二字應移置『能』字下，其文云：『周行無所不至，而能免殆，全大形也。』」

〔七〕「天下母」，道藏集注本作「天地母」。

〔八〕「可」，説文：「肯也。」「字以稱可」，意爲「字」是對物有所肯定的稱號。

〔九〕「字定」，波多野太郎説：「『定』字衍，宜删。『字』、『定』形似，一本或作『定』，校者旁注，後轉寫攙入也。『字』者，承上注『所以字之曰道』之『字』。」

〔一〇〕「夫」字，據陶鴻慶説校改。按，此處重「大」字無義，乃涉上一「大」字而誤，故當改。

〔一一〕「極」，即二十一章所謂之「真精之極」，指混然不分之道。

〔一二〕「强爲之名曰大」，道藏本作「强之爲名曰大」。

〔一三〕「不守一大體而已」，陶鴻慶説：「『大』字當在『不守』上，乃叠經文。」按，注文自可通，不必如陶説改。此句釋經文「大曰逝」，即明「大」之特性爲「逝」，而不以「大」爲一體而固守不行。所以説：「不守一大體而已。」

〔一四〕「行」字，據陶鴻慶説校補。按，以上兩節注均作「周行無所不至」，可見此處「周」下當有一「行」字。

〔一五〕「不偏於一逝」，道藏集注本作「不偏於一所」。此句意爲，「道」不偏於一方之行，而是周行無所不窮極。

〔一六〕「適」，往，止。「不隨於所適」，意爲「道」有獨立之本體，即「混然」、「無形體」，而不隨其所化生之萬物而止於「有分」、「有形體」。

〔一七〕「其體獨立」，道藏集注本作「其志獨立」。又，「反」作「返」。

〔一八〕「職」，主。

〔一九〕「三」，指「道」、「天」、「地」。下節經文説：「域中有四大」，注：「四大，道、天、地、王也。」「亦復爲大，與三匹」，陶鴻慶説：「當作『亦復與三大爲匹』。」

〔二〇〕王弼老子指略説：「名號生乎形狀，稱謂出乎涉求。名不虛生，稱謂不虛出。故名號則大失其旨，稱謂則未盡其極。」「然則，道、玄、深、大、微、遠之言，各有其義，未盡其極者也。……然則言之者失其常，名之者離其真，……不以言爲主，則不違其常，不以名爲常，則不離其真。」此均爲説明有稱有名不可得道之極、真。道之極、真不可名稱。故下文説，道雖爲稱中之大者，猶不如「無稱」之大。

〔二一〕「有所由」三字，宇惠本不重。

〔二二〕「道是」，據陶鴻慶説校改。按，上文説「然後謂之爲道」，此處按語氣當作「然則道是稱中之大也」方順，作「是道」者誤倒。

〔二三〕「無稱」，道藏集注本誤作「無自」。

〔二四〕「故」字，據陶鴻慶説校補。按，據文例，重言經文當有作「故曰」。又，宇惠説：「『而名』下恐有脱誤。」東條弘説：「恐脱『故亦字之』四字。」波多野太郎説：「『曰域也』三字宜删，疑涉下注而衍。」

〔二五〕波多野太郎説：「『有四大者也』之『者』字疑衍，或宜移置『故』字上。」王弼老子指略説：「故名號則大失其旨，稱謂則未盡其極。是以謂玄則『玄之又玄』，稱道則『域中有四大』也。」

〔二六〕「法自然也」四字，據陶鴻慶説校補。陶説：當「與上文『法地也』、『法天也』、『法道也』一律。」

因下有複句而誤奪之」。又，道藏集注本於「乃得其性」上衍一「方」字。

〔二七〕古逸叢書本「違」下無「也」字。

〔二八〕文選游天台山賦李善注引此句作「自然，無義之言，窮極之辭也」。又，洪頤煊讀書叢録説：「辨正論卷七引老子『人法地，地法天』四句，王弼云：『言天地之道，並不相違，故稱法也。自然無稱窮極之辭，道是智慧靈巧之號。』與今本王弼注不同。今本王弼注明代始出，或後人掇拾爲之。」

〔二九〕「用智」，波多野太郎説：「『用』字爲『有』字之訛。此注有無相對，下注『有儀不及無儀』亦可證。『有』、『用』聲同而誤也。」

〔三〇〕「形魄」，指明白顯見之器物。周易繫辭上：「形乃謂之器」，孔穎達疏：「體質成器，是謂器物，故曰：形乃謂之器。言其著也。」「精象」，指物體尚只有微小的端兆。周易繫辭上：「見乃謂之象」，韓康伯注：「兆見曰象。」孔穎達疏：「見乃謂之象者，前往來不窮，據其氣也。氣漸積聚，露見萌兆，乃謂之象。言物體尚微也。」「儀」，容。「有儀」，指各種有具體形狀之物體。周易繫辭上：「易有太極，是生兩儀」，孔穎達疏：「不言天地而言兩儀者，指其物體。下與四象相對，故曰兩儀，謂兩體容儀也。」或説，「形魄」指地，「精象」指天，「無形」指道。「有儀」指天地萬物，「無儀」指自然。又，「有儀不及無儀」，道藏集注本作「有儀不如無儀」。

〔三一〕「轉相法也」，道藏集注本作「道相法也」。

〔三二〕「法」字，據道藏集注本校改，與下文一律。

〔三〕此句注文據陶鴻慶說校改。陶說：「上節注云：『天地之性人爲貴，而王是人之主也。』此承『人故象焉』而言，故曰『王所以爲主』。四十二章王弼注云：『故萬物之生，吾知其主，雖有萬形，沖氣一焉。百姓有心，異國殊風，而王侯得一者主焉，以一爲主，一何可舍』云云。故曰『其主之者一也』。」道藏集注本無「一之者」之「之」字。波多野太郎說，末十字「宜作『所以其法之者一也』八字」。禮中庸：『凡爲天下國家有九經，所以行之者一也。』」又，波多野太郎引一說：「『所以爲主』四字疑衍，而『主也』之『主』想是『王』之謬。」又引一說：「改兩『主』字爲『王』。」

二十六章

重爲輕根，靜爲躁君，

凡物，輕不能載重，小不能鎮大。不行者使行，不動者制動。是以重必爲輕根，靜必爲躁君也〔一〕。

是以聖人終日行不離輜重。

以重爲本，故不離〔二〕。

雖有榮觀，燕處超然，

不以經心也〔三〕。

奈何萬乘之主，而以身輕天下？輕則失本，躁則失君。

輕不鎮重也〔四〕。失本，爲喪身也。失君，爲失君位也〔五〕。

校　釋

〔一〕「躁」，借爲「趮」，說文：「趮，疾行也。」躁動對靜而言。周易恒卦上六爻辭王弼注：「夫靜爲躁君，安爲動主。故安者，上之所處也；靜者，可久之道也。」義與此同。

〔二〕「故不離」，道藏集注本無「故」字。

〔三〕道藏集注本於「心」字下多一「之」字。

〔四〕「鎮」字，道藏集注本作「真」。

〔五〕「爲」字，道藏集注本、永樂大典本均作「謂」。「謂」、「爲」古通，此處爲「謂」義。

二十七章

善行無轍迹，

順自然而行，不造不（始）〔施〕〔一〕，故物得至，而無轍迹也。

善言無瑕讁，

順物之性，不別不析〔二〕，故無瑕讁可得其門也〔三〕。

善數不用籌策，

因物之數，不假形也〔四〕。

善閉無關楗而不可開，善結無繩約而不可解。

因物自然，不設不施，故不用關楗、繩約〔五〕，而不可開解也。此五者〔六〕，皆言不造不施，因物之性，不以形制物也〔七〕。

是以聖人常善救人，故無棄人；

聖人不立形名以檢於物〔八〕，不造進向以殊棄不肖〔九〕。輔萬物之自然而不爲始〔一〇〕，故曰「無棄人」也。不尚賢能，則民不爭；不貴難得之貨，則民不爲盜；不見可欲，則民心不亂。常使民心無欲無惑，則無棄人矣〔一一〕。

常善救物，故無棄物，是謂襲明。故善人者，不善人之師；

舉善以（師）〔齊〕〔一二〕不善，故謂之師矣。

不善人者，善人之資。

資，取也。善人以善齊不善，〔不〕〔一三〕以善棄不善也〔一四〕，故不善人，善人之所取也。

不貴其師，不愛其資，雖智大迷，

雖有其智，自任其智。不因物，於其道必失〔一五〕，故曰「雖智大迷」。

是謂要妙。

校釋

〔一〕「施」字，據陶鴻慶説校改。下節注：「此五者，皆言不造不施，因物之性，……」可證。又，石田羊一郎老子王弼注刊誤本改「始」爲「治」。

〔二〕「不析」，道藏集注本誤作「不折」。

〔三〕「瑕」，釋文：「疵過。」「讁」，譴責。道藏集注本「瑕」字作「取」。又，波多野太郎引一説：「可得其門也」之「門」，疑當作「所」。又引一説：「『可得其門也』五字，當移至『善閉』之注末。」石田羊一郎老子王弼注刊誤本改「可得其門也」爲「可得而問也」。

〔四〕「假」，通「借」。「不假形」，不借助於形器（指「籌策」——古代一種計數之竹籤）。又，「因物之數」，道藏集注本作「因是乎數」。

〔五〕「約」，説文：「纏束也。」「無繩約」，意爲不用繩縛結。

〔六〕「此五者」，即指「善行無轍迹」、「善言無瑕讁」、「善數不用籌策」、「善閉無關楗」、「善結無繩約」。

〔七〕王弼思想以虛無爲本，以形器爲末。周易乾卦彖辭王弼注：「夫形也者，物之累也。」以形爲物之累，故此處説：「不以形制物。」

〔八〕「形」，通「刑」。王弼老子指略説：「夫形（刑）以檢物，巧僞必生；名以定物，理恕必失。」

〔九〕按，「向」字疑爲「尚」字之誤。「進尚」，即「進其智」、「尚賢能」之意。下文説：「不尚賢能，則民不爭」，正承此言。又，三十八章王弼注：「載之以大道，鎮之以無名，則物無所尚」，亦可爲證。此句意爲，不設智慧，賢能以爲分別，而棄其不肖之人。

〔一〇〕按，「而不爲始」之「始」字，疑亦當作「施」。此即上節注所説：「順自然而行，不造不施」，「此五者，皆言不造不施」之義。

〔一一〕「無棄人矣」之「矣」字，道藏集注本作「心」。

〔一二〕「齊」字，據陶鴻慶説校改。按，如作「師」字，則與下文「故謂之師矣」重複不辭。又，下節注「善人以善齊不善」，即承此而言，故此處文當作：「舉善以齊不善。」

〔一三〕「不」字，據易順鼎、陶鴻慶説校補。「不以善棄不善」，即所謂「無棄人」之意，如無「不」字，則義不可通。

〔一四〕古逸叢書本「善」字下無「也」字。

〔一五〕陶鴻慶説：「『物於』二字誤倒，『不因於物』四字爲句。」按，不必如陶説改亦可通。上文言「雖有其智，自任其智」，即所謂「因物自然」之意。「不因物」，則其道必失。「於」字作「則」解，屬下讀。

二十八章

知其雄，守其雌，爲天下谿。爲天下谿，常德不離，復歸於嬰兒。

雄，先之屬。雌，後之屬也。知爲天下之先（也）〔者〕必後也〔一〕。是以聖人後其身而身先也。谿不求物，而物自歸之〔二〕。嬰兒不用智，而合自然之智。

知其白，守其黑，爲天下式。

式，模則也。

爲天下式，常德不忒，

忒，差也。

復歸於無極。

不可窮也。

知其榮，守其辱，爲天下谷。爲天下谷，常德乃足，復歸於樸。

此三者〔三〕，言常反終〔四〕，後乃德全其所處也。下章云，反者道之動也〔五〕。功不可取，常處其母也〔六〕。

樸散則爲器，聖人用之則爲官長。

樸，真也。真散則百行出，殊類生，若器也〔七〕。聖人因其分散，故爲之立官長。以善爲師，不善爲資〔八〕，移風易俗，復使歸於一也〔九〕。

故大制不割。

大制者，以天下之心爲心，故無割也〔一〇〕。

校釋

〔一〕「者」字，據道藏集注本校改。陶鴻慶説：「『知爲天下』以下十字，文有脱誤。『必』蓋『心』字之誤。意蓋謂，知爲天下之先，心居天下之後。」按，據道藏集注本改上「也」字爲「者」字，則文義自通，且與下文相應，不必如陶説改「必」爲「心」而解。七章經文説：「天長地久。天地所以能長且久者，以其不自生，故能長生。是以聖人後其身而身先，外其身而身存。……」王弼此處注文正據七章之意。

〔二〕「谿」，與「谷」同義。爾雅釋水疏李巡曰：「水出於山，入於川曰谿。」宋均曰：「有水曰谿，無水曰谷。」「谿」，地勢低窪，水自然趨歸之，所以説：「谿不求物，而物自歸之。」

〔三〕「此三者」，即指「知其雄，守其雌」；「知其白，守其黑」；「知其榮，守其辱」。

〔四〕「反終」，指「復歸於嬰兒」，「復歸於無極」，「復歸於樸」而言。石田羊一郎老子王弼注刊誤本改「終」字爲「然」字，並屬下讀。

〔五〕「下章」，指四十章：「反者，道之動；弱者，道之用。天下萬物生於有，有生於無。」又，道藏集注本無「云」字。

〔六〕此句意爲，不可有爲、身先，不可求仁、義、禮、敬之功，而要常守於無爲之母。這樣才能全、足，而復歸於「嬰兒」、「無極」、「樸」。三十八章王弼注：「故仁德之厚，非用仁之所能也；行義之正，非用義之所成也；禮敬之清，非用禮之所濟也。載之以道，統之以母，故顯之而無所尚，彰之而無所競。……故母不可遠，本不可失。」

〔七〕「百行」，泛指衆多的道德品行。「殊類」，泛指各種事物。「器」，周易繫辭上：「形乃謂之器」，韓康伯注：「成形曰器。」（按，文選三國名臣序贊李善注引此注作「王輔嗣曰」。）

〔八〕文見二十七章經文：「故善人者，不善人之師；不善人者，善人之資。」

〔九〕「復使歸於一」，道藏集注本無「使」字。

〔一〇〕「大」，即二十五章所説：「强爲之名曰大」之「大」，指道、樸。「制」，説文：「裁也。」「大制」，意爲以道制裁萬物。道制裁萬物是順萬物自然之性，所以説「以天下之心爲心」，是「裁」而「無割」。

二十九章

將欲取天下而爲之〔一〕，**吾見其不得已。天下神器，**

神，無形無方也〔二〕。器，合成也。無形以合，故謂之神器也。

不可爲也。爲者敗之，執者失之。

萬物以自然爲性，故可因而不可爲也，可通而不可執也〔三〕。物有常性，而造爲之，故必敗也。物有往來，而執之，故必失矣。

故物或行或隨，或歔或吹，或强或羸，或挫或隳。是以聖人去甚，去奢，去泰。

凡此諸或，言物事逆順反覆，不施爲執割也。聖人達自然之(至)〔性〕〔四〕，暢萬物之情，故因而不爲，順而不施。除其所以迷，去其所以惑〔五〕，故心不亂而物性自得之也。

校釋

〔一〕道藏集注本於經文此句下有王弼注「爲造爲也」四字。

〔二〕「方」，類。

〔三〕「通」，行，即二十七章王弼注「順自然而行」之意。「執」，拘、塞，此處與「通」相反爲「不通」之意。所以下文說：「物有往來，而持之，故必失矣。」

〔四〕「性」字，據陶鴻慶説校改。按，「性」、「情」對文，下文作「暢萬物之情」，此處當作「性」字。又，以上各節注均謂「萬物以自然爲性」亦可爲證。作「至」者形近而誤。

〔五〕「除迷」、「去惑」，指除去美進、榮利之心。二十章王弼注：「衆人迷於美進，惑於榮利。」

三十章

以道佐人主者，不以兵强天下，

以道佐人主，尚不可以兵强於天下，況人主躬於道者乎〔一〕？

其事好還。

爲(始)〔治〕〔二〕者務欲立功生事，而有道者務欲還反無爲，故云「其事好還」也。

師之所處，荆棘生焉。大軍之後，必有凶年。

言師〔三〕凶害之物也。無有所濟〔四〕，必有所傷，賊害人民，殘荒田畝，故曰「荆棘生焉」〔五〕。

善有果而已，不敢以取强。

果，猶濟也。言善用師者，趣〔六〕以濟難而已矣，不以兵力取强於天下也〔七〕。

果而勿矜，果而勿伐，果而勿驕，

吾不以師道爲尚，不得已而用，何矜驕之有也〔八〕。

果而不得已，果而勿强。

言用兵雖趣功(果)濟難，然時故不得已(當復)〔後〕用者，但當以除暴亂，不遂用果以爲强也〔九〕。

物壯則老，是謂不道，不道早已。

壯，武力暴興〔一〇〕，喻以兵强於天下者也。飄風不終朝，驟雨不終日〔一一〕，故暴興必不道，早已也〔一二〕。

校釋

〔一〕「躬於道者」，指身體力行於道者。

〔二〕「治」字，據道藏集注本校改。按，「始」字於此無義。易順鼎說，當爲「治」字之誤，釋文亦作

「治」。「爲治」與「有道」相對。又，陶鴻慶説：「始」爲「强」字之誤，「强」承上「强兵」而言。義亦可通。

〔三〕「師」，軍旅。此處指戰爭。

〔四〕「濟」，成功。

〔五〕「焉」字，道藏本及道藏集注本均作「也」。又，波多野太郎引一説：「『生』下『也』上恐脱『必有凶年』四字。」

〔六〕「趣」，通「趨」，往也。波多野太郎引一説，「趣以」之「以」疑爲「功」字之誤。

〔七〕「也」字，道藏本及道藏集注本均作「矣」。

〔八〕陶鴻慶説：「『不』爲『本』字之誤，『師』字當在『用』字下。其文云：『吾本以道爲尚，不得已而用師，何矜驕之有也？』」按，陶説雖於文義較勝，然臆改太多。此注文義本自可通，不必如陶説改。

〔九〕此節注文據陶鴻慶説校改。陶説：「『果』字涉經文而衍。『當復用』，『當』字涉下文而衍，『復』爲『後』字之誤。其文云：『言用兵雖趣功濟難，然時故不得已後用者。』」又説：「『時』與『是』，『故』與『固』皆通用。」按，「果」字、「當」字衍，「復」爲「後」之形誤，陶説是。又，疑「趣功」之「功」字爲「以」字之誤。上節注文：「言善用師者，趣以濟難」可證。王弼前節注：「言師凶害之物也。無有所濟，……」明言用師無功，故用師只是不得已而「濟難」者也，非爲「趣功」。所以當以作「趣以濟難」方合王注之義。

〔一〇〕道藏本及道藏集注本於「暴興」下均有一「也」字。

〔二〕文見二十三章：「希言自然。故飄風不終朝，驟雨不終日。」

〔三〕陶鴻慶說：「故暴興必不道早已也」句中「『必』字當在『早已』上」，則文作「故暴興不道，必早已也」。按，此節注文釋經文：「物壯則老，是謂不道，不道早已。」「暴興」即指「物壯」，所以說「必不道，早已也」。文義自可通，不必如陶說改。又，道藏集注本誤以此節注文爲王雱注。

三十一章

夫佳兵者，不祥之器。物或惡之，故有道者不處。君子居則貴左，用兵則貴右。兵者，不祥之器，非君子之器。不得已而用之，恬淡爲上，勝而不美。而美之者，是樂殺人。夫樂殺人者，則不可以得志於天下矣。吉事尚左，凶事尚右。偏將軍居左，上將軍居右，言以喪禮處之。殺人之衆，以哀悲泣之。戰勝，以喪禮處之〔一〕。

校釋

〔一〕道藏集注本於本章末引王弼注說：「疑此非老子之作也。」宋晁說之題王弼注道德經也說：「弼知『佳兵者不祥之器』至於『戰勝以喪禮處之』非老子之言。」又，據馬叙倫老子校詁引李慈銘、陶紹學說，均以爲此章文字有以王弼注文混爲經文者，並作詳細訂正。按，今據長沙馬王堆三號漢墓出土帛書老子甲乙本考之，均有此章文字，並無王弼注文混入。

三十二章

道常無名，樸雖小，天下莫能臣也。侯王若能守之，萬物將自賓。

道，無形不繫，常不可名〔一〕。以無名爲常，故曰「道常無名」也。樸之爲物，以無爲心也，亦無名〔二〕。故將得道，莫若守樸。夫智者，可以能臣也；勇者，可以武使也〔三〕；巧者，可以事役也；力者，可以重任也〔四〕。樸之爲物，憒然〔五〕不偏，近於無有，故曰「莫能臣」也。抱樸無爲〔六〕，不以物累其真，不以欲害其神，則物自賓而道自得也〔七〕。

天地相合以降甘露，民莫之令而自均。

言天地相合，則甘露不求而自降。我守其真性無爲，則民不令而自均也。

始制有名，名亦既有，夫亦將知止。知止可以不殆。

始制，謂樸散始爲官長之時也〔八〕。始制官長，不可不立名分以定尊卑，故始制有名也。過此以往，將爭錐刀之末〔九〕，故曰「名亦既有，夫亦將知止」也。遂任名以號物，則失治之母也〔一〇〕，故「知止所以不殆」也〔一一〕。

譬道之在天下，猶川谷之於江海。

川谷之（求）〔與〕江（與）海〔一二〕，非江海召之，不召不求而自歸者（世）〔也〕〔一三〕。行道於天下者，不令而自均，不求而自得，故曰「猶川谷之與江海」也〔一四〕。

也」。

校釋

〔一〕道藏取善集本引此注無「不繫常」三字，而作「道，無形不可名」。

〔二〕此句注文清四庫館臣說：「一本或作：『樸之爲物無心，故無名。』」焦竑老子翼引作「物無心也」。

〔三〕「武使」，道藏集注本作「武君」。

〔四〕以上四句意爲，有所偏者，如有智、勇、巧、力者，均爲有所爲，所以皆可以設法使之臣服、役使，唯有樸之爲物，不偏於一事而近於無有，所以「莫能臣也」。

〔五〕「憒」，爲煩惱之意，於此義不可通。易順鼎引釋文「憒」作「隤」，並說「憒」爲「隤」之誤。「隤」，柔貌。按，周易繫辭下：「坤，隤然示人簡矣」，韓康伯注：「隤，柔貌也。」此意較「憒」爲接近。又，疑「憒」或爲「遺」之誤。「遺」，若二十章：「衆人皆有餘，而我獨若遺」之「遺」。「遺」，失也。王弼注說：「衆人無不有懷有志，盈溢胸心，故曰皆有餘也。我獨廓然無爲無欲，若遺失之也。」觀此處注文亦說：「憒然不偏，近於無有」，意爲樸之於智、勇、巧、力均若遺失之，故不偏於一事，而近於無有。義與二十章「我獨若遺」之「遺」義近。

〔六〕「抱樸無爲」，道藏本作「抱樸爲無」。

〔七〕「也」字，道藏集注本作「矣」。

〔八〕「始爲官長之時」，即二十八章王弼注所謂「真散則百行出，殊類生，……聖人因其分散，故爲之立官長」之意。

〔九〕「錐刀之末」，意即所謂「利」也。

〔一〇〕「遂」，竟。此句意爲，如果竟自用名字來稱呼物，則物將離真、樸而陷於形器、名分，而失其無爲之治之本了。

〔一一〕「故知止所以不殆也」，爲復述經文，經文作「知止可以不殆」，「可」字誤。道藏本、古逸叢書本及長沙馬王堆三號漢墓出土帛書老子甲乙本經文「可」均作「所」可證。

〔一二〕此句注文據陶鴻慶説校改。陶説：「『求』字不當有。本作『川谷之與江海』。因『與』字誤倒在下，後人妄增『求』字以足句耳。」按，據下文説：「不召不求而自歸者」之意，此處若有「求」字則義不可通。又，古逸叢書本及道藏本此句注文均作「川谷之以求江與海」，道藏集注本則作：「川谷之不求江與海」，似據下文「不召不求」之意補「不」字。焦竑老子翼引作「川谷求於江與海」。

〔一三〕「也」字，據陶鴻慶説校改。陶説：「『自歸者』下當有『也』字，『世』即『也』字之誤。隸書『世』、『也』二字極相似。」

〔一四〕宇惠説：「『與』當作『於』，此爲重疊經文言之。」按，宇惠説誤。此爲老子經文傳誤，而非注誤。長沙馬王堆三號漢墓出土帛書老子甲乙本經文均作「猶小浴（谷）之與江海也」。此節經文及注文是以川谷與江海之關係比喻萬物與道之關係，故作「與」字比「於」字義爲長。

三十三章

知人者智，自知者明。

知人者，智而已矣〔一〕，未若自知者，超智之上也。

勝人者有力，自勝者强。

勝人者，有力而已矣，未若自勝者，無物以損其力。用其智於人，未若用其智於己也。用其力於人，未若用其力於己也。明用於己，則物無避焉；力用於己，則物無改焉〔二〕。

知足者富，

知足〔者〕〔三〕，自不失，故富也。

强行者有志，

勤能行之〔四〕，其志必獲，故曰「强行者有志」矣。

不失其所者久，

以明自察，量力而行，不失其所，必獲久長矣。

死而不亡者壽。

雖死而以爲生之，道不亡乃得全其壽。身没而道猶存，況身存而道不卒乎〔五〕。

校釋

〔一〕「智而已矣」，道藏集注本作「自智而已矣」。

〔二〕「則物無改焉」之「改」字，於此不可解，疑誤。波多野太郎引一說：「『改』疑當作『攻』。」又一說：「『改』疑當作『敗』。」按，作「攻」於義較長。

〔三〕「者」字，據道藏集注本校補。按，當有一「者」字，與上兩節注「知人者」、「勝人者」文一律。

〔四〕「勤能」，勤奮勉力，釋經文「强」字。

〔五〕「卒」，止。道藏集注本「卒」誤作「存」。

三十四章

大道氾兮，其可左右。

言道氾濫無所不適，可左右上下周旋而用，則無所不至也〔一〕。

萬物恃之而生而不辭，功成不名有，衣養萬物而不爲主。常無欲，可名於小；

萬物皆由〔二〕道而生，既生而不知其所由〔三〕。故天下常無欲之時，萬物各得其所，若道無施〔四〕於物，故名於小矣。

萬物歸焉而不爲主，可名爲大。

萬物皆歸之以生，而力使不知其所由。此不爲小，故復可名於大矣〔五〕。

以其終不自爲大，故能成其大。

爲大於其細，圖難於其易〔六〕。

校釋

〔一〕此注之意如同莊子所説「道」「無所不在」之意。莊子知北遊：「東郭子問於莊子曰：『所謂道，惡乎在？』莊子曰：『無所不在。』東郭子曰：『期而後可。』莊子曰：『在螻蟻。』曰：『何其下邪？』曰：『在稊稗。』曰：『何其愈下邪？』曰：『在瓦甓。』曰：『何其愈甚邪？』曰：『在屎溺。』東郭子不應。莊子曰：『……物物者，與物無際，而物有際者，所謂物際者也；不際之際，際之不際者也。』」波多野太郎引一説：「或曰：『用則』二字衍。」

〔二〕「由」字，文選劉孝標辨命論李善注引作「得」。

〔三〕「不知其所由」，古逸叢書本作「不知所由」，道藏本誤作「不知其由所」。

〔四〕道藏集注本脱「無施於物」之「施」字。

〔五〕此句意爲，道無爲而無不爲，冥冥中主宰一切，所以既可名爲小，又可名爲大。大者，「取乎彌綸（充滿）而不可極」；小者（微），「取乎幽微而不可覩」（老子指略）。道藏集注本脱此節注文。又，波多野太郎引一説：「『力』字可疑，似衍。」一説：「『小』恐當作『主』。」一説：「『力』恐『亦』之誤。」或云

『小』疑『主』。」一説：「『不』下恐脱『可』字，又改『於』作『爲』。」

〔六〕語見六十三章：「圖難於其易，爲大於其細。天下難事必作於易，天下大事必作於細，是以聖人終不爲大，故能成其大。」

三十五章

執大象，天下往；

大象〔一〕，天象〔二〕之母也。〔不炎〕〔三〕不寒，不温不涼，故能包統萬物，無所犯傷。主若執之，則天下往也。

往而不害，安平太。

無形無識，不偏不彰〔四〕，故萬物得往而不害妨也。

樂與餌，過客止。道之出口，淡乎其無味，視之不足見，聽之不足聞，用之不足既。

言道之深大。人聞道之言，乃更不如樂與餌〔五〕，應時感悦人心也。樂與餌則能令過客止，而道之出言淡然無味。視之不足見，則不足以悦其目；聽之不足聞，則不足以娱其耳。若無所中然〔六〕，乃用之不可窮極也。

校釋

〔一〕「大象」，無形之象，亦即道、樸、常。四十一章：「大象無象。」王弼注：「有形則有分，有分者，不温則涼，不炎則寒。故象而形者，非大象。」

〔二〕「天象」，指日月星辰以及陰陽四時等。又，波多野太郎引一説：「『天象』疑當作『天下』。」又一説：「『天象』當作『天地』。」

〔三〕「不炎」二字，據老子指略：「五物之母，不炎不寒」等校補。陶鴻慶説：「『不涼』上奪『不炎』二字。」按，陶説非。王弼注文均以「炎」與「寒」相對，「温」與「涼」同言。如十六章王弼注「温涼之象」等可證。

〔四〕十六章王弼注：「常之爲物，不偏不彰，無皦昧之狀，温涼之象。」「大象」亦即「常」，所以也以「無形無識，不偏不彰」形容它。又，道藏本「偏」字誤作「徧」。

〔五〕「樂」，指音樂。「餌」，玉篇：「餅也」，此處比喻美食。

〔六〕「中」，射中之中，意爲達到一定目的。「若無所中然」，意爲如同得不到任何滿足的樣子。

三十六章

將欲歙之，必固張之；將欲弱之，必固强之；將欲廢之，必固興之；將欲奪之，必固與之，

是謂微明。

將欲除强梁、去暴亂，當以此四者。因物之性，令其自戮，不假刑爲大，以除將物也〔一〕，故曰「微明」也。足其張〔二〕，令之足，而又求其張，則衆所歙也〔三〕。與其張之不足，而改其求張者〔四〕，愈益而己反危。

柔弱勝剛强。魚不可脱於淵，國之利器不可以示人。

利器，利國之器也〔五〕。唯因物之性，不假刑以理物。器不可覩，而物各得其所〔六〕，則國之利器也。示人者，任刑也。刑以利國〔七〕，則失矣。魚脱於淵，則必見失矣〔八〕。利國〔之〕〔九〕器而立刑以示人，亦必失也〔一〇〕。

校釋

〔一〕道藏集注本無「不假刑爲大，以除將物也」句。又，宇惠說：「將物」之「將」字誤衍。波多野太郎說：「將」當作「戕」，「音形相近耳。公羊傳曰：『君親無戕』，則『戕』、『將』古字通用，審矣」。

〔二〕陶鴻慶說：「足其張」三字上疑當重經文「固張」二字。

〔三〕「衆」字，道藏集注本誤作「象」字。「歙」，收歛。

〔四〕「與其張之不足，而改其求張者」，疑有錯亂。陶鴻慶說：「『而改』有誤，未詳所當作。」宇惠說：「『與』字誤衍。波多野太郎引一說：『與』當作『於』，音之誤也。『改』當作『攻』。」又一說：「『與』讀爲『於』，『改』疑當作『歛』。」又一說：「『與』衍字，『改』疑『攻』。」按，「而改」無誤，疑「其求」二字誤倒，其文當作：「與其張之不足，而改求其張者。」「與」作「以」（由）解。此句意爲，由於其張之不足，因而改求其張者，則不是因物之性了。所以下文説：「愈益而己反危。」此正與上文「令之足，而又求其張，則衆所歛也」之意相對。

〔五〕「利國之器也」，道藏集注本「也」字誤作「以」字。

〔六〕「各得其所」之「所」字，永樂大典本作「性」字。

〔七〕波多野太郎引一説：「刑以利國」上疑脱一「任」字。是承上句。

〔八〕波多野太郎説：「『見失』之『見』疑衍。」又引一説：「『見失』恐爲『見製』。蓋『製』字脱『刀』、『衣』爲『㡀』，與『失』相混耳。」又一説：「『見失』之『見』衍。」

〔九〕「之」字，據上文「利國之器」之意校補。

〔一〇〕「必失也」之「也」字，道藏集注本作「矣」。

三十七章

道常無爲

順自然也。

而無不爲，

萬物無不由爲以治以成之也〔一〕。

侯王若能守之，萬物將自化。化而欲作，吾將鎮之以無名之樸。

化而欲作，作欲成也。吾將鎮之無名之樸〔二〕，不爲主也。

無名之樸，夫亦將無欲。

無欲競也。

不欲以靜，天下將自定。

校釋

〔一〕此節注文疑有錯亂。陶鴻慶説：「古逸叢書本注文無『之』字。然此注之文實有錯亂。原文當云：『無不爲，萬物由之以始以成也。』乃先叠文，而後釋其義。『由之』蒙上文『無爲』而言，萬物之始成由於無爲，故曰：『無爲而無不爲也。』句中『之』字非衍，但誤倒耳。古逸本删『之』字，文雖較順而實非其旨。一章及二十一章注皆云：『萬物以始以成，而不知其所以然』，明『治』爲『始』字之誤。」波多野太郎説：「『爲』字涉經文而衍，『之』字應在『由』下。」據此，則此節注文當作「萬物無不由之以始以成也」。按，陶説及波多野太郎説均可通。

〔二〕宇惠説：「『無名』上當有一『以』字。」

下篇

三十八章

上德不德，是以有德；下德不失德，是以無德。上德無爲而無以爲，下德爲之而有以爲。上仁爲之而無以爲，上義爲之而有以爲，上禮爲之而莫之應，則攘臂而扔之。故失道而後德，失德而後仁，失仁而後義，失義而後禮。夫禮者，忠信之薄而亂之首。前識者，道之華而愚之始。是以大丈夫處其厚，不居其薄；處其實，不居其華。故去彼取此。

德者，得也。常得而無喪，利而無害〔一〕，故以德爲名焉。何以得德？由乎道也。何以盡德？以無爲用〔二〕。以無爲用，則莫不載也〔三〕。故物，無焉，則無物不經；有焉，則不足以免其生〔四〕。是以天地雖廣，以無爲心；聖王雖大，以虛爲主〔五〕。故曰以復而視，則天地之心見〔六〕；至日而思之，則先王之至覩也〔七〕。故滅其私而無其身，則四海莫不瞻，遠近莫不至〔八〕；殊其己而有其心，則一體不能自全，肌骨不能相容〔九〕。是以上德之人，唯道是用，不德其德，無執無用，故能有德而無不爲〔一〇〕。不求而得，不爲而成，故雖有德而無德名也。下德求而得之，爲而成之，則立善以治物，故德名有焉。求而得之，必有失焉；爲而成之，必有敗焉。善名生，則有不善應焉〔一一〕。故下德爲之而有以爲也〔一二〕。無以爲者，無所（徧）〔偏〕爲也〔一三〕。凡不能無爲而爲之者，皆下德也，仁義禮節是也。將明德之上下，輒舉下德以對上德。至於無以爲〔一四〕，極下德（下）〔一五〕之量，上仁是也。足〔一六〕及於無以爲而猶爲之焉。爲之而無以爲〔一七〕，故有爲爲之患矣〔一八〕。本在無爲，母在無名。棄本捨母，而適其子〔一九〕，功雖大焉，必有不濟；名雖美焉，僞亦必生〔二〇〕。不能不爲而成，不興而治〔二一〕，則乃爲之，故有宏普博施仁愛之者。而愛之無所偏私，故上仁爲之而無以爲也〔二二〕。愛不能兼，則有抑抗正（真）〔直〕而義理之者〔二三〕。忿枉祐直，助彼攻此〔二四〕，物事而有以心爲矣〔二五〕。故上義爲之而有以爲也。直不能篤〔二六〕，則有游飾修文禮敬之者〔二七〕。尚好修敬，校責往來〔二八〕，則不對之閒忿怒生焉〔二九〕。故上（德）〔禮〕〔三〇〕爲之而莫之應，則攘臂而扔之〔三一〕。夫大之極也，其唯道乎〔三二〕！自此已往，豈足尊哉！故雖〔德〕盛業大，富（而）有萬物〔三三〕，猶各得其德〔三四〕，〔而未能自周也。故天不能爲載，地不能爲覆，人不能爲贍。萬物〕〔三五〕雖貴，以無爲用，不能捨無以爲體也〔三六〕。（不能）捨無以爲體，則失其爲大矣〔三七〕，所謂失道而後德也〔三八〕。以無爲用，〔則〕（德）〔得〕其母〔三九〕，故能己不勞焉而物無不理。下此已往，則失用之母。不能無爲，而貴博施；不能博施，而貴正直；不能正直，而貴飾敬。所謂失德而後仁，失仁而後義，失義而後禮也。夫禮也，所始首於忠信不篤〔四〇〕，通簡不陽〔四一〕，責備於表，機微爭制〔四二〕。夫仁義發於内，爲之猶僞，況務外飾而可久乎〔四三〕！故夫禮者，忠信之薄而亂之首也。前識者，前人而識也，即下德之倫也〔四四〕。竭其聰明以爲前識，役其智力以營庶事〔四五〕，雖（德）〔得〕其情〔四六〕，姦巧彌密，雖豐其譽，愈喪篤實。勞而事昏，務而治薉〔四七〕，雖竭聖智，而民愈害〔四八〕。舍己任物，則無爲而泰〔四九〕。守夫素樸，則不順典制〔五〇〕。（聽）〔耽〕〔五一〕彼所獲，棄此所守，〔故前〕識〔者〕〔五二〕，道之華而愚之首。故苟得其爲功之母〔五三〕，則萬物作焉而不辭也〔五四〕，萬事存焉而不勞也。用不以形，御不以名，故（名）〔五五〕仁義可顯，禮敬可彰也。夫載之以大道〔五六〕，鎮之以無名〔五七〕，則物無所尚，志無所營〔五八〕。各任其貞事〔五九〕，用其誠，則仁德厚焉，行義正焉，禮敬清焉。棄其所載，舍其所生，用其成形，役其聰明，仁則（誠）〔尚〕〔六〇〕焉，義（其）〔則〕〔六一〕競焉，禮（其）〔則〕〔六二〕爭焉。故仁德之厚，非用仁之所能也；行義之正，非用義之所成也；禮敬之清，非用禮之所濟也。載之以道，統之以母，故顯之而無所尚，彰之而無所競。用夫無名，故名以篤焉；用夫無形，故形以成焉。守母以存其子，崇本以舉其末，則形名俱有而邪不生，大美配天而華不作。故母不可遠〔六三〕，本不可失。仁義，母之所生，非可以爲母。形器，匠之所成，非可以爲匠也。捨其母而用其子，棄其本而適其末，名則有所分〔六四〕，形則有所止〔六五〕。雖極其大，必有不周；雖盛其美，必有患憂〔六六〕。功在爲之，豈足處也〔六七〕。

校釋

〔一〕「喪」，失。「常得而無喪，利而無害」，意爲經常能把「德」保持住而不喪失，則有利而無害。五十一章：「萬物莫不尊道而貴德」，王弼注：「道者，物之所由也；德者，物之所得也。由之乃得，故不得不尊；失之則害，故不得不貴。」

〔二〕此句意爲，要得到「德」和盡「德」之用，都不能離開「道」、「無」。「德」爲具體事物所有，只有不離開「道」，才能盡「德」之利。十一章王弼注説：「木、埴、壁所以成三者，而皆以無爲用也。言無者，有之所以爲利，皆賴無以爲用也。」

〔三〕「載」，國語韋昭注：「成也。」「莫不載也」，意即萬物莫不由之以成。波多野太郎説：「『則莫不載也』之『則』下應有『物』字，今脱在下注『無焉』之上。」

〔四〕「經」，由。二十五章王弼注：「道取於無物而不由也。」「無焉」，即形容道，所以説：「則無物不經。」「生」，通「身」。「不足以免其生」，即不能免去有身之累害，亦即下文所謂「一體不能自全，肌骨不能相容」之意。「有焉」，即形容具體器物，所以説：「則不足以免其生。」

〔五〕此句意爲，天地雖廣，聖王雖大，但都是涉於有形有爲，離開了道就没有聖王、天地之廣大。四章王弼注：「故人雖知萬物治也（疑當作「治萬物也」），治而不以二儀之道，則不能贍也。地雖形魄，不法於天則不能全其寧；天雖精象，不法於道則不能保其精（疑當作「清」）。」所以此處説天地、聖人必須「以無爲心」，「以虛爲主」。

〔六〕語出周易復卦彖辭：「復，其見天地之心乎。」王弼注：「復者，反本之謂也。天地以本爲心者也。凡動息則靜，靜非對動者也；語息則默，默非對語者也。然則天地雖大，富有萬物，雷動風行，運化萬變，寂然至無是其本矣。故動息地中，乃天地之心見也。若其以有爲心，則異類未獲具存矣。」王弼此處所謂「復者，反本之謂也」之「本」，即指道，亦即十六章所謂：「夫物芸芸，各復歸其根。歸根曰靜，是謂復命。」復卦卦象震（雷）下，坤（地）上，雷動地靜，所以説：「雷動風行，……寂然至無是其本矣。故動息地中，乃天地之心見也。」此爲對上文「天地雖廣，以無爲心」之補充。

〔七〕「至日」，冬至日和夏至日。周易復卦象辭：「雷在地中，復。先王以至日閉關，商旅不行，后不省方。」王弼注：「方，事也。冬至，陰之復也；夏至，陽之復也。故爲復，則至於寂然大靜。先王則天地而行者也，動復則靜，行復則止，事復則無事。」此爲對上文「聖王雖大，以虚爲主」之補充。又，「至覩」，道藏集注本誤作「主覩」。波多野太郎説：「『至覩』之『至』疑爲『志』之譌。『天地之心』與『先王之志』相對，『見』、『覩』互文。『天地之心』，即上文『以無爲心』也；『先王之志』，即『以虚爲主』也。言冬至與夏至陰陽之復而寂然虚靜也，乃見天地之原理。以是考之，先王以復卦爲天地之心見，則聖人以天地虚無爲其志，自明也。」按，波多野太郎説是，「至」當作「志」，於文義爲長。

〔八〕「瞻」，仰望。「至」，來歸順。七章：「聖人後其身而身先，外其身而身存；非以其無私邪，故能成其私。」王弼注：「無私者，無爲於身也。身先身存，故曰能成其私也。」可作此注之參考。

〔九〕「殊其己」，即所謂「有身」。「有其心」，即所謂「有私」。道藏集注本脱「有其心」之「其」字。

〔一〇〕「唯道是用，不德其德」，即上文所謂「何以盡德？以無爲用」之意。「無執無用」，意爲不執着德之名，不用德之名。「故能有德而無不爲」之「有德」，即指「唯道是用」之「德」，亦即下文所説「雖有德，而無德之名」之「德」。

〔一一〕「善名生，則有不善應焉」，二章：「天下皆知美之爲美，斯惡已；皆知善之爲善，斯不善已。」

王弼注：「美惡猶喜怒也，善不善猶是非也。喜怒同根，是非同門，故不可得而偏舉也。」

〔三〕「有以爲」三字疑有誤。陶鴻慶說：經文「『下德爲之而有以爲』，『以』字亦當作『不』，與上句反正互明。他書雖無可印證，然可以注義推之。德名有焉。求而得之，必有失焉；爲而成之，必有敗焉。善名生，則有不善應焉。故下德爲之而有以（「以」亦當作「不」）爲也。』此正釋經文『有不爲』之義。注文云：『凡不能無爲而爲之者，皆下德也，仁義禮節是也。』然則經云『下德』，即包上仁、上義、上禮言之。下文云『上仁爲之而無以爲，上義爲之而有以爲，上禮爲之而莫之應，則攘臂而扔之』，三句義各有當，若此句作『有以爲』，則與『上義』句無區別，而與『上仁』、『上禮』諸句不相融貫矣。注末又云：『名則有所分，形則有所止。雖極其大，必有不周；雖盛其美，必有患憂。功在爲之，豈足處也。』此皆申言上德所以有德者，以其無不爲；下德所以無德者，以其有不爲也。疑王氏所見本正作『有不爲』。今作『有以爲』者，涉『上義』句而誤，注又沿經文之誤也。」波多野太郎說：「『有以爲』之『有』，當作『無』字。范應元此條經文作：『下德爲之而無以爲』，曰王弼云：『下德爲之而無以爲者，無所偏爲也。』按，此條經文本作『無以爲』，後人以河上本改『無』作『有』，與注不合，更改注『無』字作『有』。然『無以爲者』提舉經文，且據下注：『下德下之量，上仁是也；足及於無以爲而猶爲之焉，爲之而無以爲，故有爲爲之患矣。』其改攙之跡昭然，范氏所據亦可證。」按，此節注文及經文疑均有衍誤或後人增改，故不可讀。據長沙馬王堆三號漢墓出土帛書老子甲乙本經文均無「下德爲之而有（無）以爲」句。觀王弼注文上下之義，似以范應元引王注之文義爲長。下注説：「至於無以爲，極下德（下）之量，上仁是也……」可證。

〔三〕「偏」字，據古逸叢書本、道藏本及道藏集注本校改。按，作「偏」者非。下文説：「愛之無所偏私，故上仁爲之而無以爲也」，正明「無以爲」爲「無所偏私」之意。故當作「偏」字。「無所偏爲」，意即不偏私於某一方。

〔四〕「至於無以爲」，按，疑「至於」下脱「爲之而」三字。上文説：「不能無爲而爲之者，皆下德也。」下文説：「上仁爲之而無以爲。」經文也説：「上仁爲之而無以爲。」此處既爲説明上仁是極下德之量者，似當作「至於爲之而無以爲」，於義爲長。

〔五〕「下」字，據道藏集注本及陶鴻慶説校删。陶説：「『之量』上不當有『下』字。言至於上仁之無以爲，已極下德之量也。」

〔六〕「足」字，道藏集注本作「是」。

〔七〕「爲之而無以爲」，按，疑當作「無以爲而猶爲之」，是重述上文而明「故有有爲之患」。此涉下文「上仁爲之而無以爲也」而誤。

〔八〕「故有爲爲之患矣」，語不可通，疑有誤。按，據下文「本在無爲，……」之意，此處似當作「故有有爲之患矣」，「有爲」與「無爲」相對。文本重「有」字，而傳抄誤重「爲」字。又，或説據上文「不能無爲而爲之」，「足及於無以爲而猶爲之」，「爲之而無以爲」等，疑當作「故有爲之之患矣」，文原重「之」字，亦可通。

〔一九〕「本」、「母」，指「無名」，「無爲」。「子」，指美名，大功。五十二章：「天下有始，以爲天下母。既得其母，以知其子；既知其子，復守其母，没身不殆。」王弼注：「母，本也；子，末也。得本以知末，不舍本以逐末也。」又，陶鴻慶説：「『棄本捨母，而適其子』，當作『棄本而適其末，捨母而用其子』，見下文。」

〔二〇〕此句意爲，有所爲則必有所不足。十八章王弼注：「故智慧出則大僞生也」，「甚美之名生於大惡」。

〔二一〕「興」，舉。「不興而治」，意爲不舉刑罰，不起仁義而使民自然而治。

〔二二〕此句意爲，「上仁」雖已有「宏普博施仁愛」，但尚屬「無所偏私」，所以説「上仁」爲「極下德之量」。

〔二三〕「直」字，據道藏集注本校改。按，下文説：「忿枉祐直」，「而貴正直」等，均承此而言，足證此處當作「直」。「抑」，退。「抗」，進。後漢書班固傳論：「固之序事，不激詭、不抑抗。」李賢注：「抑，退也；抗，進也。」此句意爲，愛有所偏，則就會産生專門講求進退、正直等義理之人。波多野太郎説：「抑，遏也，言遏過也。……抗，舉也，言舉善也。」石田羊一郎老子王弼注刊誤本改「抑抗正真」爲「抑抗枉直」」。又「抑」字道藏集注本誤作「折」。

〔二四〕「攻此」，道藏集注本作「功此」。

〔二五〕按，「有以心爲矣」疑當作「有心以爲矣」。此句意爲，若如上述，則事事物物都將用心計智慧於作爲了。又，石田羊一郎老子王弼注刊誤本改此句作：「而物事有以心爲矣。」

〔二六〕「直」，正直。即上文「抑抗正直」、「忿枉祐直」之「直」。「篤」，實。「直不能篤」，意爲不能篤守正直。亦即下文所謂「忠信不篤」之意。又，「篤」字，道藏集注本作「信」。

〔二七〕「游飾」，浮華之外表。「修文」，追求禮敬等外表形式。

〔二八〕「校」，計較。「責」，責備。「校責往來」，意爲互相計較責備。

〔二九〕「對」，應酬。「閒」，通「間」。「不對之閒」，意爲得不到相應的禮節往來。亦即下文所説：「莫之應」。

〔三〇〕「禮」字，據古逸叢書本、道藏本、道藏集注本及陶鴻慶説校改。按，下文説：「失德而後仁，失仁而後義，失義而後禮也」，此處正承「上義」之後而言，當作「上禮」才是。

〔三一〕「攘臂」，捋臂。「扔」，拉引。此處形容氣勢洶洶，强迫人遵守禮節。「扔」字，道藏集注本作「仍」。

〔三二〕二十五章王弼注：「道，……是混成之中，可言之稱最大也。」

〔三三〕「德」字，據古逸叢書本、道藏本及道藏集注本校補。「而」字，據道藏集注本校删。按，此語出周易繫辭上：「盛德大業，至矣哉！富有之謂大業，日新之謂盛德。」

〔三四〕「猶各得其德」之「得」字，道藏集注本作「有」。

〔三五〕此二十四字原脱，故文義不暢。今據道藏本及道藏集注本校補。按，釋文於「敬校」和「治蕆」兩條之間出「爲贍」二字並注音，可證陸德明所見本當有此二十四字。

〔三六〕「〔萬物〕雖貴，以無爲用」，陶鴻慶說，當作「雖貴無以爲用」。按，陶未見奪文而據意改之，雖亦可通，然觀本注前文說：「何以盡德？以無爲用」之意，則不必如陶說改。此句意爲，萬物雖貴，然必須以無爲用，才能盡其德，不能離開無而自以爲用，亦即不能「棄本捨母，而適其子」之意。

〔三七〕「不能」二字涉上文而衍，故刪。按，「不能捨無以爲體，則失其爲大矣」，義不可通。觀王弼注文之意，「萬物雖貴，以無爲用」，故當言「捨無以爲體，則失其大矣」，故此處不當有「不能」二字甚明。或說，二「捨」字，當作「舍」，意爲居守。此說於此句雖可通，而於上句則不可通。又，「則」字道藏集注本作「也」，屬上讀。

〔三八〕「失道」，即指上「各得其德」、「捨無以爲體」而言。

〔三九〕「則」字，據道藏集注本校補。「得」字，據文義校改。「得其母」，正與下文「失用之母」對文。又，東條弘說，「以無爲用」上當有「萬物」二字。

〔四〇〕「篤」，實。此句之意即如十八章所謂：「六親不和有孝慈，國家昏亂有忠臣」，說明禮乃起於樸實之忠信喪失之後。又，波多野太郎引一說，「夫禮也」之「也」字疑作「之」字。

〔四一〕「通簡不陽」意義不明，疑有誤。「陽」字，道藏集注本作「暢」。按，「陽」字疑當作「暢」。「通」，即「暢」義，此「通」字疑當作「易」字。此句疑當作「易簡不暢」。淮南子詮言：「非易不可以治大，非簡不可以合衆；大樂必易，大禮必簡；易故能天，簡故能地。」「易簡」一詞爲魏晉間人常用以表達「無爲」之思想，如嵇康聲無哀樂論説：「古之王者，承天理物，必崇易簡之教，御無爲之治；君靜於上，臣順於下。」即以「易簡之教」與「無爲之治」相提並論。又，阮籍樂論説：「言正樂通平易簡，心澄氣清，……夫雅樂周通則萬物和，質靜則聽不淫，易簡則節制全神，靜重則服人心，……」等等。「易簡」一詞原出周易繫辭，如「乾以易知，坤以簡能」，「易簡而天下之理得矣」，「易簡之善配至德」等。韓康伯注：「天地之道不爲而善始，不勞而善成，故曰易簡。」「天下之理莫不由於易簡而各得順其分位也。」「易簡不暢」意謂天地不爲、不勞之至德不通暢。且作「易簡不暢」正與上文「忠信不篤」文句相順，意義一致。而下文所説「責備於表，機微爭制」也正是由於「易簡」之道「不暢」而引起者。

〔四二〕「表」，外表，即指禮節等游飾。「機」，當作「幾」，細小。「制」，通「執」。「機微爭制」，意爲極微小之事，也要爭執。

〔四三〕「外飾」，指禮節等儀式。相對於「發於内」之仁義而言，故説「外飾」。

〔四四〕「前人而識」，意爲先於人而認識。「倫」，類。

〔四五〕「營」，謀求。「庶事」，衆事。

〔四六〕「得」字，據道藏集注本校改。「得其情」，即得事物之實情。

〔四七〕「務」，努力。「薉」，同「穢」，荒蕪。

〔四八〕五十六章説：「故以智治國，國之賊也。」

〔四九〕「舍」，通「捨」。「泰」，安。此句意爲，如能捨棄己之「聰明」、「智力」而任物自然之性，則無爲而安泰。

〔五〇〕「順」，循。「典制」，指刑法制度。宇惠説：「不順典制」恐有誤。東條弘以爲「守夫素樸」之「夫」爲「失」字之誤。

〔五一〕「耽」字，據釋文校改。釋文出「耽」字，並音「都南反」。「耽」爲嗜、樂之意。「耽彼所獲」，意爲沈溺於其「竭聰明」、「役智力」而獲得之「情」。「棄此所守」，即棄「素樸」。

〔五二〕「故前」二字及「者」字，均據東條弘説校補。東條弘説：「識」字前疑脱「故前」二字，則此句當爲覆述經文。又，或説「識」字爲「誠」字，義亦可通，然不及作「故前識者，……」於義爲長。

〔五三〕「苟」，如果。「爲功之母」，「母」即指「無爲無用」。「無爲無用」有生物、成物之功。王弼老子指略：「功不可取，美不可用，故必取其爲功之母而已矣。」

〔五四〕語見二章：「是以聖人處無爲之事，行不言之教，萬物作焉而不辭，……」

〔五五〕「名」字誤衍，據古逸叢書本、道藏本及道藏集注本校删。

〔五六〕「載」，承受。「載之以大道」，意爲用無爲之大道來承載天地萬物。淮南原道：「夫道者，覆天載地。」莊子天地：「夫道，覆載萬物者也，洋洋乎大哉。」

〔五七〕「無名」，即樸。三十七章：「化而欲作，吾將鎮之以無名之樸。」

〔五八〕「尚」，崇尚、求美之意。三章王弼注：「尚者，嘉之名也。」

〔五九〕「貞」，正。即下章所説：「侯王得一以爲天下貞。」宇惠、東條弘、波多野太郎等都以爲「貞」

爲「真」之誤。又，波多野太郎引一説以爲「貞」爲「責」之誤。

〔六〇〕「尚」字，據上文「物無所尚」、下文「顯之而無所尚」之文義校改。宇惠説：「誠」當作「僞」字。又，道藏集注本此句作「仁則失誠焉」。是知「誠」字於此義不可通，故增「失」字以解之。

〔六一〕「則」字，據古逸叢書本校改。

〔六二〕此「則」字據上兩句之例校改。

〔六三〕「母不可遠」之「遠」字，釋文：「一本作『棄』。」波多野太郎説，作「棄」是。按，作「遠」、作「棄」於此義均可通。

〔六四〕「分」，份位。二十五章王弼注：「夫名以定形。」老子指略：「名也者，定彼者也。」均説「名」爲有一定之份位局限者。

〔六五〕「止」，限止。「形則有所止」，意爲有形之物是有局限者。所以下文説：「雖極其大，必有不周。」

〔六六〕「患憂」，古逸叢書本作「憂患」。

〔六七〕「處」，居守。「豈足處也」，意爲豈能以「名」、「形」爲可居守者。

三十九章

昔之得一者，

昔，始也。一，數之始而物之極也。各是一物之生，所以爲主也〔一〕。物皆〔二〕各得此一以成，既成而舍〔一〕以居成〔三〕，居成則失其母，故皆裂、發、歇、竭、滅、蹶也〔四〕。

天得一以清，地得一以寧，神得一以靈，谷得一以盈，萬物得一以生，侯王得一以爲天下貞。其致之。

各以其一，致此清、寧、靈、盈、生、貞〔五〕。

天無以清將恐裂，

用一以致清耳，非用清以清也。守一則清不失，用清則恐裂也。故爲功之母不可舍也〔六〕。是以皆無用其功，恐喪其本也。

地無以寧將恐發，神無以靈將恐歇，谷無以盈將恐竭，萬物無以生將恐滅，侯王無以貴高將恐蹶。故貴以賤爲本，高以下爲基。是以侯王自謂孤寡不穀。此非以賤爲本邪？非乎？故致數輿無輿。不欲琭琭如玉，珞珞如石。

清不能爲清，盈不能爲盈，皆有其母，以存其形。故清不足貴，盈不足多，貴在其母，而母無貴形。貴乃以賤爲本，高乃以下爲基。故致數輿乃無輿也〔七〕。玉石琭琭、珞珞〔八〕，體盡於形〔九〕，故不欲也〔一〇〕。

校釋

〔一〕「各是一物之生，所以爲主也」，文義不通，疑有誤。世説新語言語篇注引作：「各是一物，所以爲主也。」按，觀注文上下文義，疑「物之」二字誤倒於上，文宜作：「各是一生，所以爲物之主也。」意謂，物均是由一（即道）而生，所以一是萬物之主。下文「物皆各得此一以成，……」正申此義。又，王弼周易略例説：「衆之所以得咸存者，主必致一也」，「自統而尋之，物雖衆則知可以執一御也」。又，二十五章王弼注：「道法自然，天故資焉。天法於道，地故則焉。地法於天，人故象焉。王所以爲主，其主之者一也。」並可爲此句之詮釋。波多野太郎説：「此句宜作『一物之主，所以爲生也』。『各是』二字恐衍。」石田羊一郎説：「生」字衍。

〔二〕道藏集注本無此「皆」字。

〔三〕「一」字，據道藏集注本校補。「舍」通「捨」。「舍〔一〕以居成」，意爲捨棄一（即道，即所謂生物之母）而守其已成之具體形器。亦即三十八章王弼注所謂「舍其母而用其子，棄其本而適其末」之意。

〔四〕「發」，通「廢」。「蹶」，敗也。道藏集注本無「滅」字。

〔五〕「貞」，正、主。周易略例：「夫動不能制動，制天下之動者，貞夫一也。」又，「貞」字，道藏集注本在「靈」字之下。

〔六〕「舍」，通「捨」。「爲功之母不可舍」，即三十八章王弼注所謂「母不可遠，本不可失」之意。

〔七〕「興」，借爲「譽」。長沙馬王堆三號漢墓出土帛書老子甲本經文作「與」，乙本經文作「輿」，均爲「譽」之借字。道藏集注本經文、注文四「輿」字均作「譽」，傅奕注本亦作「譽」，釋文出「譽」字，注「毁譽也」，均可爲證。馬叙倫老子校詁説：「莊子知北遊篇曰：『至譽無譽』，……然此文當作『致譽無譽』。『致』有誤作『數』者，校者彼此旁注，後人傳寫誤入正文耳。」按，據長沙馬王堆三號漢墓出土帛書老子甲乙本經文均有「數」字，則可證經文、注文之「數」字不爲衍文。「致數輿」，意爲屢得高貴之稱譽。

〔八〕「珞珞」，道藏集注本作「落落」。馬叙倫老子校詁引畢沅説：「案，古無『琭』、『碌』、『珞』三字，『珞』應作『落』。」按，長沙馬王堆三號漢墓出土帛書老子甲本經文「琭琭」二字殘缺，「珞珞」二字殘，乙本經文「琭琭」作「禄禄」，「珞珞」作「硌硌」。可見非古無此字也。慧琳一切經音義引老子經文作「硌硌」，與乙本同。韻會：「硌硌，石堅不相容貌。」後漢書馮衍傳引：「不欲碌碌如玉，落落如石」，李賢注：「玉貌碌碌爲人所貴，石形落落爲人所賤。」晏子春秋内篇問下：「堅哉石乎，落落視之則堅，無以爲久，是以速亡。」據此，則是後人以「落落」代「珞珞」、「硌硌」。又，朱駿聲説文通訓定聲需部附録：「琭，老子：『不欲琭琭如玉』，注：『喻少。』」豫部附録：「硌，西山經上：『申之山多硌石』，注：『磊硌大石貌。』楚辭：『惘上山皀兮硌硌。』」可供參考。

〔九〕「體盡於形」，意爲玉石堅硬之質全部表露於其外形上，而不能深藏，因而貴賤、毁譽一目了然。此也是捨母用子之結果，所以下文説「不欲」。

〔一〇〕馬叙倫老子校詁以爲本章與四十二章互有錯誤，王弼注因此也有錯誤。今將馬叙倫之考證録於後。「倫案：右文舊爲第三十九章，然此章與四十二章頗有錯誤。姚鼐曰：四十二章『道生一』至『沖氣以爲和』二十五字，應在此章『昔之得一者』上（陶紹學曰：文選天台山賦注引老子曰：『道生一』，王弼曰：『一，數之始而物之極也。』而今本弼注見上章『昔之得一者』句下，則姚説可信）。『故貴以賤爲本』，『故』字衍。『貴以賤爲本』至『非乎』二十九字，應在四十二章『人之所惡』之上。因『侯王』字，誦者誤記於此。倫謂姚説是也。四十二章弼注曰：『萬物萬形，其歸一也。何由致一？由於無也。由無乃一，一可謂無？已謂之一，豈得無言乎？有言有一，非二如何？有一有二，遂生乎三。從無之有，數盡乎斯，過此以往，非道之流。故萬物之生，吾知其主，雖有萬形，沖氣一焉。百姓有心，異國殊風，而得一者，王侯主焉。以一爲主，一何可舍？愈多愈遠，損則近之，損之至盡，乃得其極。既謂之一，猶乃至三，況本不一，而道可近乎！損之而益，豈虚言也。』玩弼注意，似今本四十章之『天下萬物生於有，有生於無』兩句及四十二章『道生一』至『或益之而損』，王本實爲一章。尋陶舉文選注引證『道生一』云云當在『昔之得一者』上固塙。……則四十章之『天下萬物生於有，有生於無』兩句及四十二章之『道生一』至『沖氣以爲和』當移入此章。此章之『故貴以賤爲本』至『落落如石』當移至四十二章。」按，據長沙馬王堆三號漢墓出土帛書老子甲乙本考之，本章並無錯誤，而是今本四十章與四十一章章次顛倒，致使原本互相啣接之文義割裂而生疑問。

四十章

反者，道之動；

高以下爲基，貴以賤爲本〔一〕，有以無爲用〔二〕，此其反也。動皆知其所無，則物通矣〔三〕。故曰「反者，道之動」也。

弱者，道之用。

柔弱同通，不可窮極〔四〕。

天下萬物生於有，有生於無。

天下之物，皆以有爲生。有之所始，以無爲本。將欲全有，必反於無也〔五〕。

校釋

〔一〕語見三十九章：「故貴以賤爲本，高以下爲基。」

〔二〕語見十一章：「有之以爲利，無之以爲用。」

〔三〕「通」，包通。此句意爲，萬物動作如能知道其根本是無，就可包通萬物了。按，「知」字道藏集注本作「之」。「之」，往也。「所」，作處所解。「所無」，即居處於無。二十八章王弼注：「言常反終，後乃德全其所處也。下章云，反者道之動也。功不可取，常處其母也。」三十章王弼注：「爲(始)〔治〕者務欲立功生事，而有道者務欲還反無爲。」十六章王弼注：「常之爲物，不偏不彰，無皦昧之狀，温涼之象，故曰知常曰明也。唯此復，乃能包通萬物，無所不容。」據此，此句意當爲，如果萬物動作而都能返還其根本，居處於無，就可包通萬物了。此義似更長。

〔四〕三十六章：「柔弱勝剛强。」四十三章王弼注：「虛無柔弱，無所不通。無有不可窮，至柔不可折。」均與此同，爲説明道以柔弱、虛無爲用，所以能無所不包通而不可窮極。

〔五〕三十八章王弼注：「用夫無名，故名以篤焉；用夫無形，故形以成焉。守母以存其子，崇本以舉其末，則形名俱有而邪不生，大美配天而華不作。故母不可遠，本不可失。」按，據長沙馬王堆三號漢墓出土帛書老子甲乙本之次序本章當在四十一章之後。

四十一章

上士聞道，勤而行之；

有志也。

中士聞道，若存若亡；下士聞道，大笑之，不笑不足以爲道。故建言有之：

建，猶立也〔一〕。

明道若昧，

光而不耀〔二〕。

進道若退，

後其身而身先，外其身而身存〔三〕。

夷道若纇。

纇，坳也〔四〕。大夷之道，因物之性，不執平以割物〔五〕。其平不見，乃更反若纇坳也。

上德若谷，

不德其德，無所懷也。

大白若辱，

知其白，守其黑〔六〕，大白然後乃得。

廣德若不足，

廣德不盈，廓然無形，不可滿也。

建德若偷，

偷，匹也〔七〕。建德者，因物自然，不立不施，故若偷匹。

質真若渝。

質真者，不矜其真，故〔若〕渝〔八〕。

大方無隅，

方而不割，故無隅也〔九〕。

大器晚成，

大器，成天下不持全別，故必晚成也〔一〇〕。

大音希聲，

聽之不聞名曰希。〔大音〕〔一一〕，不可得聞之音也。有聲則有分，有分則不宮而商矣〔一二〕。分則不能統衆〔一三〕，故有聲者非大音也。

大象無形。

有形則有分，有分者，不温則（炎）〔涼〕〔一四〕，不炎則寒。故象而形者，非大象〔一五〕。

道隱無名，夫唯道善貸且成。

凡此諸善，皆是道之所成也〔一六〕。在象則爲大象，而大象無形；在音則爲大音，而大音希聲。物以之成，而不見其（成）形〔一七〕，故隱而無名也。貸之非唯供其乏而已〔一八〕，一貸之則足以永終其德，故曰「善貸」也。成之不如機匠之裁〔一九〕，無物而不濟其形〔二〇〕，故曰善成。

校釋

〔一〕「猶」字，道藏集注本作「由」。

〔二〕五十八章：「光而不燿」，注：「以光鑑其所以迷，不以光照求其隱慝也。所謂明道若昧也。」

〔三〕語見七章:「是以聖人後其身而身先,外其身而身存。」

〔四〕「纇」,説文:「絲節也」,此處喻爲不平之意,與「夷」(平坦)相對。「纳」,深窐,也爲形容不平。

〔五〕「不執平以割物」,意爲不執着平去制割萬物使其一樣而違背萬物之自然本性。「平」字,道藏集注本誤作「乎」。

〔六〕二十八章:「知其白,守其黑,爲天下式。」

〔七〕「偷,匹也」,不明所義,恐有誤。馬叙倫老子校詁從俞樾説,以爲老子經文「建」當讀爲「健」,「偷」借爲「媮」,惰也,與「健」相對。蔣錫昌説:「『建』,立也。『偷』爲『愉』之假。……説文『愉,薄也』。『建德若偷』,言立德之人若薄而不立也。此句與上句詞異誼同。王注失之。」波多野太郎引一説:「『偷』、『儔』音通,王注蓋讀爲『儔』。」按,傅奕注老子經文作「建德若媮」,注説:「『媮』,古本作『輸』」,並引廣韻(雅):「輸,愚也。」據長沙馬王堆三號漢墓出土帛書老子甲本經文正作「建德如輸」,乙本經文此字殘缺。觀王弼注文「建德者,因物自然,不立不施」之意,疑「偷,匹也」爲「輸(或媮),愚也」之誤。下文「故若偷匹」,疑當作「故若輸(或媮)愚」。

〔八〕「若」字,據陶鴻慶説校補。與上「若纇纳」、「若偷匹」同。「渝」,説文:「變汚也。」馬叙倫説:「『渝』,古書多用爲變義,此『渝』字當作汚解則通。」又説:「謂『渝』借爲『諛』,言質厚之德,不立厓異,反若諂諛也。」録之以爲參考。

〔九〕「隅」，角。五十八章王弼注：「以方導物，（舍）〔令〕去其邪，不以方割物，所謂大方無隅。」

〔一〇〕此節注文義不可通，疑有誤。陶鴻慶說：「上『成』字衍文，當云：『大器，天下大器』，乃疊經文。『全』蓋『分』之誤。『不持分別』即『無所別析』也。」波多野太郎說：「『全』宜作『分』，『分』、『全』形似而誤，陶說是也。然其他不改可也。『持』者，猶上注『執平以割物』，四章注『執一家之量者』、『執一國之量』之『執』字。『分別』者，猶言『別析』，二十章注：『心無所別析』、『無所別析不可爲名』、『分別別析也』。二十七章注：『不別不析。』……注意以爲，大器之所以爲大，無分也，故能晚成而成天下。下注：『有聲則有分』，『分則不能統衆，故有聲者非大音也』。『有形則有分』，『故象而形者非大象也』。乃弼以『大器』、『大音』、『大象』之大，爲無分也。無分絶對也，蓋知『全』，『分』字之誤。」按，據陶說則此節注文當作：「大器，天下大器不持分別，故必晚成也。」據波多野太郎說則此節注文作：「大器，成天下，不持分別，故必晚成也。」此二說雖均可通，然均不愜意。愚謂經文「大器晚成」疑已誤。本章言：「大方無隅」、「大音希聲」、「大象無形」，二十八章言：「大制無割」等。一加「大」字則其義相反，「方」爲有隅，「大方」則「無隅」；「音」爲有聲，「大音」則「希聲」；「象」爲有形，「大象」則「無形」；「制」爲有割，「大制」則「無割」。唯此「大器」則言「晚成」，非「器」之反義。長沙馬王堆三號漢墓出土帛書老子經文此句甲本殘缺，乙本作「大器免成」。「免」或爲「晚」之借字，然據以上之分析，似非「晚」之借字，而當以「免」本字解爲是。二十九章經文：「天下神器」，王弼注：「神，無形無方也；器，合成也。無形以合，故謂之神器也。」「器」既爲「合成」者，則「大器」則當爲「免成」者，亦即所謂「無形以合」而使之成者。如此，則與「大方無隅」、「大音希聲」、「大象無形」等文義一致。據此，疑王弼此節注文中「天下」二字，或爲「無形」二字之誤。「無」或作「无」（周易一書中「無」均作「无」），轉而誤作「天」，「下」則或爲「形」字殘缺致誤。「全」字疑當爲「合」字，形近而誤。「成」字則當在「合」字下。「別」字、「必」字或因原文竄誤，校閲者增衍者。故此節注文疑當作：「大器無形，不持合成，故免成也。」

〔一一〕「聽之不聞名曰希」，語見十四章。「大音」二字，據陶鴻慶説校補。陶説：「『不可得而聞之音也』句上，當有『大音』二字。」按，陶説是，據文義當有「大音」二字。

〔一二〕此句意爲，音有聲則必有高低、清濁之分別，不爲宮音，即爲商音。

〔一三〕「衆」，指宮、商、角、徵、羽五音。周易略例明彖説：「夫衆不能治衆，治衆者，至寡者也。」十四章王弼注：「無狀無象，無聲無響，故能無所不通，無所不往。」

〔一四〕「涼」字，據十六章王弼注「温涼之象」、五十五章王弼注「不温不涼」、老子指略「不温不涼，不宮不商」等文義校改。陶鴻慶説：下句「不炎則寒」當作「不涼則寒」。陶説非。又，文選顔延年應詔讌曲水作詩李善注引此正作「有分者，不温則涼」。

〔一五〕「大象」，即無形之象。三十五章王弼注：「大象，天象之母也。」

〔一六〕東條弘説：「『凡此諸善』之『善』當作『大』。」「諸大」，指「大方無隅」、「大器晚成」、「大音希聲」、「大象無形」等。按，「善」字疑爲「言」字之誤。經文「夫唯道善貸且成」，乃總括「故建言有之」以下，自「明道若昧」至「大象無形」，非僅指「大方無隅」等。「凡此諸言」，正與經文「建言有之」相應。

〔一七〕「成」字，據道藏集注本校删。按，六章王弼注：「(各)〔物〕以之成，而不見其形，……」十四章王弼注：「欲言無邪？而物由以成。欲言有邪？而不見其形。」均可證此處「不見其成形」之「成」字爲衍文。又，文選顏延年應詔讌曲水作詩李善注引此無「其成」二字。

〔一八〕「貸」，説文：「施也。」「乏」，缺乏。此句意爲，道施予萬物者，並不是供其一時之缺乏，而是一旦施予，則足以使萬物永保其德。

〔一九〕「機匠」，指工匠。「機匠之裁」，指工匠製造器物時之裁割。「不如」二字，道藏本及道藏集注本均作「不加」。

〔二〇〕「濟」，成功。

四十二章

道生一，一生二，二生三，三生萬物。萬物負陰而抱陽，沖氣以爲和。人之所惡，唯孤寡不穀，而王公以爲稱。故物，或損之而益，或益之而損。

萬物萬形，其歸一也。何由致一？由於無也。由無乃一〔一〕，一可謂無〔二〕？已謂之一，豈得無言乎？有言有一，非二如何？有一有二，遂生乎三〔三〕。從無之有，數盡乎斯，過此以往，非道之流。故萬物之生，吾知其主，雖有萬形〔四〕，沖氣一焉。百姓有心，異國殊風，而(得一者)王侯〔得一者〕〔五〕主焉。以一爲主，一何可舍〔六〕？愈多愈遠〔七〕，損則近之。損之至盡，乃得其極〔八〕。既謂之一，猶乃至三，況本不一，而道可近乎？損之而益，〔益之而損〕〔九〕，豈虚言也。

人之所教，我亦教之。

我之〔教人〕，非强使〈人〉從之也〔一〇〕，而用夫自然。舉其至理，順之必吉，違之必凶。故人相教，違之〔必〕〔一一〕自取其凶也。亦如我之教人，勿違之也。

强梁者不得其死，吾將以爲教父。

强梁則必不得其死。人相教爲强梁，則必如我之教人不當爲强梁也〔一二〕。舉其强梁不得其死以教邪〔一三〕，若〔一四〕云順吾教之必吉也。故得其違教之徒〔一五〕，適可以爲教父也。

校釋

〔一〕「由無乃一」，道藏集注本作「因無乃一」。

〔二〕「一可謂無」句，陶鴻慶説：「『謂無』乃『無言』二字之誤。『由無乃一，一可無言？已謂之一，豈得無言？』語氣自爲呼應。」

〔三〕「遂生乎三」之「遂」，道藏集注本作「子」。莊子齊物論：「天地與我並生，而萬物與我爲一。既已爲一矣，且得有言乎？既已謂之一矣，且得無言乎！一與言爲二，二與一爲三。自此以往，巧曆不能得，而況其凡乎！故自無適有，以至於三，而況自有適有乎？」此爲王弼注文所本。

〔四〕「雖有萬形」之「萬」，道藏集注本作「主」。

〔五〕「得一者」三字，據陶鴻慶説校改。陶説：「『得一者』三字，當在『王侯』之下。三十九章經云：『侯王得一以爲天下貞』可證。」波多野太郎從陶説，然以爲「得一者」之「者」，宜作「以」字。

〔六〕「舍」，通「捨」。道藏集注本誤作「今」字。

〔七〕「愈多愈遠」，指愈遠於「本」、「無」。二十二章王弼注：「自然之道，亦猶樹也。轉多轉遠其根，轉少轉得其本。」又，上「愈」字，道藏集注本誤作「先」字。

〔八〕「極」，即「一」、「無」。三十九章王弼注：「一，數之始而物之極也。」四十八章：「爲學日益，爲道日損。損之又損，以至於無爲，無爲而無不爲。」

〔九〕「益之而損」四字，據陶鴻慶説校補。陶説：「此乃叠經文也。」按，陶説是。

〔一〇〕此句據陶鴻慶説校改。陶説：「『我之』下奪『教』字，『人』字又誤脱在下。當云：『我之教人，非强使從之也。』」按，陶説是，下文「亦如我之教人，勿違之也」可證。

〔一一〕「必」字，據道藏集注本校補。按，當有「必」字。上文説「順之必吉，違之必凶」可爲證。

〔一二〕「强梁」，强暴蠻横。「則必如我之教人不當爲强梁也」之「則」字，陶鴻慶説：「『則』當爲『非』。作『則』者，涉上文而誤也。此章經旨，言人與我之教人，趣舍不同而歸宿則一。人相教爲强梁，我之教人不當爲强梁，此其異也。舉强梁不得其死以爲教，則强梁者適可以爲教父，此其同也。即經所謂『人之所教，我亦教之』也。今文以隻字之譌，使經注全文俱不明瞭，不可不正。」波多野太郎説：「『則』字如字，不必改而可。」又引一説：「『必』、『如』間疑脱『凶』字。」按，陶分析經注之義是，然改「則」

字爲「非」字則非。「則」字不必改而文義自通。此與上節注「故人相教，違之〔必〕自取其凶也；亦如我之教人，勿違之也」文義一致。

〔一三〕「邪」，耶，語氣辭。道藏集注本誤作「即」。

〔一四〕「若」，如。道藏集注本誤作「吉」。

〔一五〕「違教之徒」，即所謂「强梁者」。

四十三章

天下之至柔，馳騁天下之至堅，

氣無所不入，水無所不〔出於〕經〔一〕。

無有入無閒，吾是以知無爲之有益。

虚無柔弱，無所不通。無有不可窮，至柔不可折〔二〕。以此推之，故知無爲之有益也〔三〕。

不言之教，無爲之益，天下希及之。

校　釋

〔一〕「出於」二字，據易順鼎等説校删。經文「無有入無閒」，古本、傅奕本及淮南原道訓引均作：「出於無有，入於無閒。」因此，劉師培、陶學紹、易順鼎等都以爲王弼注文中「出於」二字爲經文誤竄入此。王弼注當作：「氣無所不入，水無所不經。」按，此説是。道藏集注本無「於經」二字，亦爲據文義而改者。

〔二〕按，「至柔不可折」句，在此意義不明，且與上文「虚無柔弱，……」義重復。疑此句當在上節注文「氣無所不入」之上，誤竄於此。上節經文正説：「天下之至柔，馳騁天下之至堅」，「至柔不可折」，正釋此經文，「氣」與「水」則爲進一步之比喻。

〔三〕按，此節注文，道藏中各本所引均有所不同，今録以參考。道藏集解董本引王輔嗣曰：「至柔不可折，無有不可窮。以此推之，故知無爲之道而有益於物也。夫孰能過此哉！」道藏集注彭耜本與道藏藏室纂微本引作：「無有不可窮，至柔不可折。以此推之，故知無爲之道而（纂微本缺此「而」字）有益於物也。」道藏取善集本引作：「柔弱虚無，無所不通。至柔不可折，無有不可窮。以此推之，故知無爲之道有益也。」

四十四章

名與身孰親？

尚名好高，其身必疏〔一〕。

身與貨孰多？

貪貨無厭，其身必少。

得與亡孰病？

得多〔二〕利而亡其身，何者爲病也？

是故甚愛必大費，多藏必厚亡。

甚愛，不與物通；多藏，不與物散〔三〕。求之者多，攻之者衆，爲物所病，故大費、厚亡也〔四〕。

知足不辱，知止不殆，可以長久。

校釋

〔一〕「疏」，遠。

〔二〕波多野太郎引魏源、馬其昶説：「多」作「名」，並説「作『名』是也，『名』、『多』形似而誤」。按，據上兩節注文「尚名」、「貪貨」之意，此處似以作「名」字，於義爲長。

〔三〕「甚愛，不與物通」，意爲私愛名過多，則不能與萬物溝通一氣。「多藏，不與物散」，意爲私藏利過多，則不能與萬物分享所有。

〔四〕「大費」，指過分追求名必定大費智慮。「厚亡」，指過分追求利必定喪失也多。

四十五章

大成若缺，其用不弊：

隨物而成，不爲一象〔一〕，故若缺也〔二〕。

大盈若沖，其用不窮。

大盈（沖）〔充〕〔三〕足，隨物而與，無所愛矜，故若沖也。

大直若屈，

隨物而直，直不在一，故若屈也〔四〕。

大巧若拙，

大巧因自然以成器，不造爲異端，故若拙也〔五〕。

大辯若訥。

大辯因物而言，己無所造，故若訥也〔六〕。

躁勝寒，靜勝熱，清靜爲天下正。

躁罷然後勝寒〔七〕，靜無爲以勝熱。以此推之，則清靜爲天下正也。靜則全物之真，躁則犯物之性，故惟清靜，乃得如上諸大也。

校釋

〔一〕「不爲一象」，意爲不有意去造成某一物象。

〔二〕此節注文道藏集注本作：「學行大成，常如玷缺，謙則受益，故其材用無困弊之時」，與各本均異，疑以他人之注誤冠「王弼曰」。

〔三〕「充」字，據道藏本及道藏集注本校改。「充」、「沖」音同，疑涉經文而誤。「充足」乃釋經文「大盈」。陶鴻慶說：「『沖』，虚也，與『足』義相反。『沖足』二字，不得連文。疑當爲『常足』，乃釋『大盈』之義。下章經云：『知足之足，常足』。」按，陶説亦可通。

〔四〕「直不在一」之「不」字，道藏集注本誤作「下」字。「一」字，道藏取善集引作「己」。五十八章王弼注：「以直導物，令去其僻，而不以直激（沸）〔拂〕於物也。所謂大直若屈也。」

〔五〕「異端」，意爲不因自然而另起造作。「拙」，笨拙。

〔六〕「訥」，説文：「言難也」，即言語遲鈍。

〔七〕「躁」借爲「燥」，乾也，又陸德明詩汝墳釋文：「楚人名火曰燥。」「罷」，止。「躁罷然後勝寒」釋經文「躁勝寒」。按，老子、王弼之思想，均以寒靜比躁熱爲根本。如經文：「清靜爲天下正」，注：「靜則全物之真，躁則犯物之性。」馬叙倫老子校詁疑老子經文有誤，以爲據義推之當作「寒勝躁」。然因經文已作「躁勝寒」，故王弼只能曲折爲解，而説必待躁止以後才能勝寒。又，道藏集注本引此注作「躁然後能勝寒」，此爲不明王弼思想，而據經文「躁勝寒」之意而改者。

四十六章

天下有道，卻走馬以糞；

天下有道，知足知止〔一〕，無求於外，各修其内而已。故卻走馬以治田糞也〔二〕。

天下無道，戎馬生於郊。

貪欲無厭，不修其内，各求於外，故戎馬生於郊也〔三〕。

禍莫大於不知足，咎莫大於欲得，故知足之足，常足矣。

校釋

〔一〕「知足」，如二十章王弼注所謂：「無欲而足」、「自然已足」。「知止」，如三十二章王弼注所謂：「名亦既有，夫亦將知止也。……知止所以不殆也。」

〔二〕「卻」，返、還之意。按，「故卻走馬以治田糞也」句，疑當作「故卻走馬以糞田也」。文選七命篇李善注引本節注文作：「天下有道，修於内而已。故卻走馬以糞田」，亦可爲證。「糞田」，即治理田。「治」字疑爲後人旁注「糞」字義誤竄入者，又「糞」字誤在「田」下。

〔三〕「戎馬」，戰馬。「生於郊」，意爲在戰場上産駒，形容戰事頻繁不息。

四十七章

不出户，知天下；不闚牖，見天道。

事有宗而物有主〔一〕，途雖殊而(同)〔其〕歸〔同〕也〔二〕，慮雖百而其致一也〔三〕。道有大常，理有大致〔四〕。執古之道，可以御今；雖處於今，可以知古始〔五〕。故不出户、闚牖〔六〕，而可知也。

其出彌遠，其知彌少。

無在於一，而求之於衆也〔七〕。道視之不可見，聽之不可聞，搏之不可得〔八〕。如〔九〕其知之，不須出户；若其不知，出愈遠愈迷也。

是以聖人不行而知，不見而名，

得物之致〔一〇〕，故雖不行，而慮可知也。識物之宗，故雖不見，而是非之理可得而名也。

不爲而成。

明物之性，因之而已，故雖不爲，而使之成矣〔一一〕。

校釋

〔一〕「宗」、「主」，即指道、一、無等。十四章王弼注：「無形無名者，萬物之宗也。」四十二章王弼注：「萬物之生，吾知其主，……以一爲主。」

〔二〕「而其歸同也」，據道藏集注本校改。與下文「而其致一也」一致。

〔三〕語出周易繫辭下：「天下同歸而殊塗，一致而百慮。」

〔四〕「大常」，永恒不變之道。「大致」，推而極之之理。老子指略説：「五物之母，不炎不寒，不柔不剛；五教之母，不皦不昧，不恩不傷。雖古今不同，時移俗易，此不變也，所謂『自古及今，其名不去』者也。天不以此，則物不生；治不以此，則功不成。故古今通，終始同，執古可以御今，證今可以知古始，此所謂常。」

〔五〕語見十四章：「執古之道，以御今之有，能知古始，是謂道紀。」

〔六〕「闚」，通「窺」，視也。「牖」，窗。

〔七〕此句爲釋經文所謂「其出彌遠，其知彌少」之原因所在。

〔八〕十四章：「視之不見名曰夷，聽之不聞名曰希，摶之不得名曰微。」

〔九〕「如」字，道藏集注本作「去」字。

〔一〇〕「得物之致」，即上文所謂「理有大致」之「致」。

〔一一〕二十九章王弼注：「萬物以自然爲性，故可因而不可爲也。」

四十八章

爲學日益，

務欲進其所能，益其所習。

爲道日損。

務欲反虚無也。

損之又損，以至於無爲，無爲而無不爲。

有爲則有所失，故無爲乃無所不爲也〔一〕。

取天下常以無事，

動常因也〔二〕。

及其有事，

自己造也〔三〕。

不足以取天下。

失統本也〔四〕。

校　釋

〔一〕三十八章王弼注：「上德之人，唯道是用，不德其德，無執無用，故能有德而無不爲。」「下德求而得之，爲而成之，……求而得之，必有失焉；爲而成之，必有敗焉。」

〔二〕「動」，指「取天下」。「因」，即「因物之性」，「因物之自然」，「因而不爲」。
〔三〕「造」，即所謂「造作施爲」、「有所作爲」之意。
〔四〕「統」、「本」，即所謂「無爲」、「無事」。

四十九章

聖人無常心，以百姓心爲心。

動常因也。

善者，吾善之；不善者，吾亦善之，

各因其用，則善不失也。

德善。

無棄人也〔一〕。

信者，吾信之；不信者，吾亦信之，德信。聖人在天下歙歙，爲天下渾其心。

各用聰明〔二〕。

聖人皆孩之。

皆使和而無欲，如嬰兒也〔三〕。夫「天地設位，聖人成能，人謀鬼謀，百姓與能」者〔四〕，能者與之，資者取之〔五〕；能大則大，資貴則貴〔六〕。物有其宗，事有其主〔七〕。如此，則可冕旒充目而不懼於欺，黈纊塞耳而無戚於慢〔八〕，又何爲勞一身之聰明，以察百姓之情哉！夫以明察物〔九〕，物亦競以其明（應）〔避〕〔一〇〕之；以不信（察）〔求〕〔一一〕物，物亦競以其不信應之〔一二〕。夫天下之心不必同，其所應不敢異，則莫肯用其情矣〔一三〕。甚矣！害之大也，莫大於用其明矣〔一四〕。夫（在）〔任〕智則人與之訟，（在）〔任〕力則人與之爭〔一五〕。智不出於人而立乎訟地，則窮矣〔一六〕；力不出於人而立乎爭地，則危矣。未有能使人無用其智力（乎）〔於〕〔一七〕己者也，如此則己以一敵人，而人以千萬敵己也。若乃多其法網，煩其刑罰，塞其徑路，攻其幽宅〔一八〕，則萬物失其自然，百姓喪其手足〔一九〕，鳥亂於上，魚亂於下。是以聖人之於天下歙歙焉〔二〇〕，心無所主也〔二一〕。爲天下渾心焉〔二二〕，意無所適莫也〔二三〕。無所察焉，百姓何避？無所求焉，百姓何應？無避無應，則莫不用其情矣〔二四〕。人無爲舍其所能，而爲其所不能〔二五〕；舍其所長，而爲其所短〔二六〕。如此，則言者言其所知，行者行其所能，百姓各皆注〔二七〕其耳目焉，吾皆孩之而已。

校釋

〔一〕語見二十七章：「是以聖人常善救人，故無棄人。」

〔二〕此注與經文義不相屬。按，據古逸叢書本、道藏本及長沙馬王堆三號漢墓出土帛書老子甲乙本等，於經文「爲天下渾其心」下均有「百姓皆注（帛書老子甲本作「屬」字）其耳目焉」一句。觀王弼注文「各用聰明」，正爲此而設。且經文當有此句，則下文「聖人皆孩之」才有着落。又據下節注文「百姓各皆注其耳目焉，吾皆孩之而已」，也證明今本經文脱「百姓皆注其耳目焉」一句，以至使此注無所屬。

〔三〕十章王弼注：「任自然之氣，致至柔之和，能若嬰兒之無所欲乎？則物全而性得矣。」

〔四〕語出周易繫辭下：「天地設位，聖人成能，人謀鬼謀，百姓與能。」韓康伯注：「聖人乘天地之正，萬物各成其能」，「人謀，況議於衆以定失得也。鬼謀，況寄卜筮以考吉凶也。不役思慮，而失得自明；不勞探討，而吉凶自著。類萬物之情，通幽深之故，故百姓與能，樂推而不厭。」又，道藏集注本無句末「者」字。

〔五〕「能」，即賢，三章王弼注：「賢，猶能也。」「資」，即貨財。

〔六〕「能大則大，資貴則貴」，即三章所謂「不尚賢，使民不爭；不貴難得之貨，使民不爲盜」之意。王弼注：「唯能是任，尚也曷爲？唯用是施，貴之何爲？」

〔七〕「宗」、「主」，即道、無、一等。見四十七章校釋〔一〕。

〔八〕「冕旒」，古代帝王帽上之裝飾物，用絲繩穿玉，垂在帽前後。「充」，塞、蔽。「冕旒充目而不懼於欺」，意爲雖然目光被「冕旒」遮住，但也不怕會被別人欺瞞。「黈」，黄色。「纊」，綿絮。「黈纊」，即用黄色綿絮做成的垂在帽左右之裝飾物。「戚」，憂。「黈纊塞耳而無戚於慢」，意爲雖然耳被「黈纊」蔽塞，但也不擔憂會被别人欺慢。通典卷五十七引世本：「黄帝作冕垂旒，目不邪視也；充纊，耳不聽讒言也。」漢書東方朔傳:「冕而前旒,所以蔽明;黈纊充耳,所以塞聰。」顔師古注:「黈,黄色也;纊,綿也。以黄綿爲丸,用組懸之於冕,垂兩耳旁,亦不外聽。」又,道藏集注本「冕旒充目」之「充」作「垂」;「無戚於慢」之「戚」作「慽」。

〔九〕「以明察物」,意爲用智慮考察萬物。

〔一〇〕「避」字,據陶鴻慶説校改。按,陶説是。下文「無所察焉,百姓何避」,正承此言。此作「應」者,涉下文「不信應之」句而誤。又,十七章注:「以智治國,下知避之。」十八章王弼注:「行術用明以察姦僞,趣覩形見,物知避之。」並可爲證。

〔一一〕「求」字,據陶鴻慶説校改。按,陶説是。下文「無所求焉,百姓何應」,正承此言。此作「察」者,因上文「以明察物」句而誤。

〔一二〕「以其不信應之」,道藏本及道藏集注本均無「其」字。

〔一三〕此句意爲,天下人之心,本來是各不相同的,但由於聖人「以明察物」,「以不信求物」,使得天下之人不敢以不同之意見應於聖人。如此,則天下人没有一個肯於用其真情實意了。

〔一四〕此即六十五章所謂「故以智治國,國之賊」之意。

〔一五〕兩「任」字,據陶鴻慶引王念孫説校改。此語出淮南子詮言。王念孫校淮南子説:「『在』皆當爲『任』字之誤也。言當因時而動,不可任智任力也。上文曰:『失道而任智者必危』,又曰:『獨任其智失必多。故好智窮術也,好勇危術也。』皆其證。」(見讀書雜志九之十四)

〔一六〕「窮」，困塞，束手無策之意。

〔一七〕「於」字，據道藏集注本校改。又，道藏集注本此句注文作：「未有能使人無用智者，未有能使人無用其智力於己者。」按，此語出淮南子詮言：「（在）〔任〕智則人與之訟，（在）〔任〕力則人與之爭。未有使人無智者，有使人不能用其智於己者也；未有使人無力者，有使人不能施其力於己者也。」淮南子之意爲，任用智力則人必與之訟爭。人不能使他人無智力，然可使他人不能用其智力施諸己身。王弼引此作注，文義似稍有所不同。其意謂，智力不出於人，而出於己，故窮危矣。即上文所謂：「夫以明察物，物亦競以其明避之。」如此，則不僅不能阻止別人不任用智力，且不能阻止別人之智力不施加於己身。所以王弼下文又說：「己以一敵人，而人以千萬敵己也。」據此，則此注當如道藏集注本作：「未有能使人無用智〔力〕（據上下文義當有「力」字）者，未有能使人無用其智力於己者也」，於義爲長。

〔一八〕「徑路」，小路。「幽宅」，意謂人之隱微之處。

〔一九〕「喪」，失。「喪其手足」，即手足不知所措之意。

〔二〇〕「歙歙」，河上公本經文作「怵怵」，成玄英疏：「怵怵，勤懼之貌。」高亨說：「歙」，借爲「汲」、「級」，急也。老子此言是說：「聖人急急使天下人心渾濁，歸於無識無知。」馬叙倫說：「歙」，借爲「合」，「謂聖人之治天下，無所分別」。按，觀王弼注：「歙歙焉，心無所主也」之意，當以馬説爲長。

〔二一〕「心無所主也」之「主」字，疑當作「注」，即與下文「百姓各皆注其耳目焉」之「注」字義同。「注」義詳見校釋〔二一七〕。

〔二二〕「渾」，渾沌、渾濁。馬敘倫說，「渾」借爲「梱」，木尚未破析也，此處借喻爲素樸完整之意。

〔二三〕「適莫」，語出論語里仁：「君子之於天下也，無適（音敵）也，無莫也。」皇侃義疏：「適，厚」，「莫，薄」。「意無所適莫」，意爲心渾渾然而不分別厚薄。

〔二四〕「則莫不用其情矣」，意爲人人順其自然之性而用其真情實意。此與上文「莫肯用其情」相對。

〔二五〕「舍」，通「捨」，棄也。「爲其所不能」之「不」字，道藏集注本作「否」。

〔二六〕「而爲其所短」，古逸叢書本無「所」字。

〔二七〕「注」，河上公注：「注，用也。」高亨說：「說文：『注，灌也。』百姓用耳以聽，用目以視，即是耳目有所灌注。」「孩之」，即上文所謂「皆使和而無欲，如嬰兒也」。

五十章

出生入死。

出生地，入死地。

生之徒十有三，死之徒十有三。人之生動之死地，亦十有三。夫何故？以其生生之厚。

蓋聞善攝生者，陸行不遇兕虎，入軍不被甲兵，兕無所投其角，虎無所措其爪，兵無所容其刃。夫何故？以其無死地。

十有三，猶云十分有三分。取其生道，全生之極，十分有三耳；取死之道，全死之極，亦十分有三耳〔一〕。而民生生之厚〔二〕，更之無生之地焉〔三〕。善攝生者〔四〕，無以生爲生〔五〕，故無死地也。器之害者，莫甚乎（戈兵）〔兵戈〕〔六〕；獸之害者，莫甚乎兕虎。而令兵戈無所容其鋒刃，虎兕無所措其爪角，斯誠不以欲累其身者也，何死地之有乎！夫蚖蟺〔七〕以淵爲淺，而鑿〔八〕穴其中；鷹鸇〔九〕以山爲卑，而增巢其上。矰繳〔一〇〕不能及，網罟不能到，可謂處於無死地矣。然而卒以甘餌，乃入於無生之地，豈非〔一一〕生生之厚乎？故物，苟不以求離其本，不以欲渝其真〔一二〕，雖入軍而不害，陸行而不（可犯）〔犯，可〕也〔一三〕。赤子之可則〔一四〕而貴，信矣。

校釋

〔一〕「亦十分有三耳」，道藏本及道藏集注本均作：「十分亦有三耳。」

〔二〕「生生之厚」，意爲對「生」特別看重。

〔三〕「更」，改。此句意爲，太看重「生」，反而會變成其反面「無生之地」。

〔四〕「攝」，說文：「引持也。」引申意爲保養。

〔五〕「無以生爲生」，意爲不要把「生」看得太重。道藏本作：「無以主爲生。」陶鴻慶說：下「生」字衍，當作「無以生爲」。並舉七十五章：「唯無以生爲者，是賢於貴生」爲證。

〔六〕「兵戈」二字，據古逸叢書本校改。原倒乙，下文「令兵戈無所容其鋒刃」可證。

〔七〕「蚖」，說文：「榮蚖」，蜥蜴之類。「蟺」，蚯蚓。

〔八〕「鑿」，易順鼎說，疑爲「襲」字之誤。易說：「釋文於『蚖蟺』下、『鷹鸇』上，出『襲』字，疑『鑿』字即『襲』字之誤。『襲穴』與『增巢』相對，意尤切近。『襲』，重也；『增』，亦重也。『襲穴』即本易之『習坎』。蚖蟺之穴不得言鑿矣。」按，此句語本大戴禮記曾子疾病篇：「鷹鶽以山爲卑而曾（增）巢其上，魚鼈黿鼉以淵爲淺而蹷（掘）穴其中。」「鑿」即「掘」義。

〔九〕「鸇」，爾雅釋鳥：「鷂屬。」

〔一〇〕「矰繳」，帶有繩子之箭。

〔一一〕「豈非」之「非」字，道藏集注本作「弗」。

〔一二〕「渝」，污。「真」，即樸、無、道。

〔一三〕「犯可」二字原倒乙，據易順鼎說校改。易說：「『犯』字當在『可』字之上，言『雖入軍而害，陸行而不犯，可也』，若作『不可犯』，於語氣不合矣。」

〔一四〕「則」，法則；「可則」，可以效法。「赤子」，嬰兒。五十五章：「含德之厚，比於赤子。」王弼注：「赤子無求無欲，……不犯於物，故無物以損其全也。」

五十一章

道生之，德畜之，物形之，勢成之。

物生而後畜，畜而後形，形而後成。何由而生？道也。何得而畜？德也。何（由）〔因〕〔一〕而形？物也。何使而成？勢也。唯因也，故能無物而不形；唯勢也，故能無物而不成。凡物之所以生，功之所以成，皆有所由。有所由焉〔二〕，則莫不由乎道也。故推而極之，亦至道也〔三〕。隨其所因〔四〕，故各有稱焉〔五〕。

是以萬物莫不尊道而貴德。

道者，物之所由也；德者，物之所得也。由之乃得，故（曰）〔六〕不得不（失）〔尊〕；（尊）〔失〕〔七〕之則害，〔故〕〔八〕不得不貴也。

道之尊，德之貴，夫莫之命而常自然。

（命并作爵）〔九〕。

故道生之，德畜之：長之、育之、亭之、毒之、養之、覆之。

〔亭謂品其形，毒〕謂成其（實）〔質〕，各得其庇蔭，不傷其體矣〔一〇〕。

生而不有，爲而不恃，

爲而不有〔一一〕。

長而不宰，是謂玄德。

有德而不知其主也，出乎幽冥，（是以）〔故〕〔一二〕謂之玄德也〔一三〕。

也』。下文云：『唯因也，故能無物而不形』，承此言。」按，陶説是，「因」、「由」形近而誤。

校釋

〔一〕「因」字，據陶鴻慶説校改。陶説：「於道言『由』，於物不當言『由』，本作『何因而形？物

〔二〕道藏集注本無「有所由焉」四字。

〔三〕「亦至道也」之「至」字，道藏集注本作「志」。

〔四〕「隨其所因」之「因」字，疑當作「由」。王弼老子指略説：「稱必有所由」，義與此同。

〔五〕「故各有稱焉」之「稱」字，道藏集注本作「道」。

〔六〕「故曰」之「曰」字，據陶鴻慶説校删。按，此處並非復述經文，不當有「曰」字。

〔七〕「尊」、「失」二字原倒乙，文義不可通，今據陶鴻慶説校正。

〔八〕「故」字，據陶鴻慶説校補，與上文「故不得不尊」一致。

〔九〕「命並作爵」四字，據道藏集注本校删。道藏集注本説：「明皇、王弼二本『命』並作『爵』。」此當爲校者按語，意謂明皇、王弼兩種本子中經文「莫之命而常自然」之「命」字，均作「爵」字。非王弼注文甚明，不知何時竄爲注文。紀昀及易順鼎均説：「此係校語誤作王弼注。」

〔一〇〕「亭謂品其形，毒謂成其質」句，據易順鼎、宇惠説增補並校改。易説：「初學記卷九、文選辨命論注並引老子曰：『亭之毒之，蓋之覆之。』王弼曰：『亭謂品其形，毒謂成其質。』今注奪去六字，又

『質』誤爲『實』，遂至不詞。」按，道藏集注本「謂成其實」正作「謂成其質」，可見原脱「亭謂品其形，毒」六字，後而改「質」字爲「實」。又，「各得其庇蔭」句，東條弘説，疑「各」上脱「物」字，當作「物各得其庇蔭」。

〔二〕馬叙倫説，此四字「蓋是經文之錯復者」，非王弼注文。

〔三〕「故」字，據道藏本及道藏集注本校改。

〔三〕十章王弼注：「凡言玄德，皆有德而不知其主，出乎幽冥。」

五十二章

天下有始，以爲天下母。

〔善始之，則善養畜之矣。故天下有始，則可以爲天下母矣〕〔一〕。

既得其母，以知其子；既知其子，復守其母，没身不殆。

母，本也。子，末也。得本以知末，不舍本以逐末也〔二〕。

塞其兑，閉其門，

兑〔三〕，事欲之所由生。門，事欲之所由從也。

終身不勤。

無事永逸，故終身不勤也〔四〕。

開其兑，濟其事，終身不救。

不閉其原，而濟〔五〕其事，故雖終身不救。

見小曰明，守柔曰强。

爲治之功不在大，見大不明，見小乃明。守强不强，守柔乃强也。

用其光，

顯道以去民迷〔六〕。

復歸其明，

不明察也。

無遺身殃，是爲習常。

道之常也。

校釋

〔一〕此節注文原脱，據古逸叢書本、道藏本及道藏集注本校補。

〔二〕「舍」，通「捨」，棄也。三十八章王弼注：「守母以存其子，崇本以舉其末，則形名俱有而邪不生，大美配天而華不作。故母不可遠，本不可失。」

〔三〕「兑」，古通「隧」，道也。馬叙倫老子校詁引孫詒讓説：「『兑』當讀爲『隧』。襄二十三年左傳：『杞植、華還，載甲夜入，且于之隧。』禮記檀弓鄭注引之云：『隧或爲兑。』是『兑』、『隧』古通之證。廣雅釋室：『隧，道也。』『塞其隧』，謂塞其道也。」

〔四〕「勤」，勞。

〔五〕「濟」，成。又，馬叙倫説：「『濟』借爲『齎』。」「齎」，廣雅釋詁：「持也。」「濟其事」，即持其事。

〔六〕道藏集注本奪「迷」字。

五十三章

使我介然有知，行於大道，唯施是畏。

言若使我可介然有知〔一〕，行大道於天下，唯施爲（之）〔二〕是畏也。

大道甚夷，而民好徑。

言大道蕩然正平，而民猶尚舍〔三〕之而不由，好從邪徑，況復施爲以塞大道之中乎〔四〕？故曰「大道甚夷，而民好徑」。

朝甚除，

朝，宫室也。除，潔好也。

田甚蕪，倉甚虚。

朝甚除，則田甚蕪，倉甚虚〔五〕。設一而衆害生也〔六〕。

服文綵，帶利劍，厭飲食，財貨有餘，是謂盜夸。非道也哉！

凡物，不以其道得之，則皆邪也，邪則盜也〔七〕。夸〔八〕而不以其道得之，〔盜夸也；貴而不以其道得之〕〔九〕，竊位也。故舉非道以明，非道則皆盜夸也。

校　釋

〔一〕「介然」，河上公釋爲「大」。馬叙倫説：「『介』借爲『哲』。説文曰：『哲，知也。』」高亨説：「『介然』猶『慧然』也。『介』讀爲『黠』。」勞健老子古本考則釋「介然」爲「堅確貌」。按，勞説義較近。

〔二〕「之」字，據道藏集注本校删。按，有「之」字於此文義不暢。下節注：「況復施爲以塞大道之中乎」，正承此言，可證不當有「之」字。

〔三〕「猶尚」，尚且。「舍」通「捨」。

〔四〕「中」，正。

〔五〕道藏集注本於「倉甚虚」下有一「矣」字。

〔六〕「設一」，指「朝甚除」。「衆害」，指「田甚蕪」、「倉甚虚」等。

〔七〕「盜」，説文：「私利物也。」穀梁傳定公八年：「非其所取而取之，謂之盜。」

〔八〕「夸」，説文：「奢也。」荀子仲尼篇：「貴而不爲夸」，楊倞注：「夸，奢侈也。」道藏集注本「夸」均作「誇」。按，舊説據韓非子解老引老子經文「盗夸」作「盗竽」，均以爲「夸」爲「竽」之借字。「盗竽」猶盗首。姚鼐説：韓非説雖古而訛。今觀王弼注文之義似亦不當作「竽」解。「夸而不以其道得之」，意謂其奢侈生活是以不正當之手段（盗）得來的。

〔九〕「盗夸也；貴而不以其道得之」十一字，據道藏集注本校補。按，「夸而不以其道得之，盗夸也；貴而不以其道得之，竊位也」，正分别説明經文「服文綵，帶利劍」（「貴」）、「厭飲食，財貨有餘」（「夸」）均爲以非道得之者，故爲「盗夸」、爲「竊位」也。原注脱此十一字，以致文義不明。

五十四章

善建者不拔，

固其根，而後營其末，故不拔也〔一〕。

善抱者不脱，

不貪於多，齊〔二〕其所能，故不脱也。

子孫以祭祀不輟。

子孫傳此道，以祭祀則不輟也〔三〕。

修之於身，其德乃真；修之於家，其德乃餘；

以身及人也。修之身則真〔四〕，修之家則有餘，修之不廢，所施轉大〔五〕。

修之於鄉，其德乃長；修之於國，其德乃豐；修之於天下，其德乃普。故以身觀身，以家觀家，以鄉觀鄉，以國觀國，

彼皆然也。

以天下觀天下。

以天下百姓心，觀天下之道也。天下之道，逆順吉凶，亦皆如人之道也。

吾何以知天下然哉？以此。

此，上之所云也。言吾何以得知天下乎？察己以知之，不求於外也。所謂不出户以知天下者也〔六〕。

校釋

〔一〕「根」，即母、本。「營」，治理。「拔」，去。

〔二〕「齊其所能」，意爲盡其所能而不超過其能力所及。

〔三〕「輟」，止也。

〔四〕「真」，樸實。

〔五〕「轉大」，愈大。道藏集注本作「博大」。

〔六〕語見四十七章：「不出户知天下，不闚牖見天道。」

五十五章

含德之厚，比於赤子。蜂蠆虺蛇不螫，猛獸不據，攫鳥不搏。

赤子，無求無欲，不犯衆物，故毒（蟲）〔螫〕之物無犯（之）〔於〕人也〔一〕。含德之厚者〔二〕，不犯於物，故無物以損其全也。

骨弱筋柔而握固，

以柔弱之故，故握能周固〔三〕。

未知牝牡之合而全作，

作，長也。無物以損其身，故能全長也。言含德之厚者，無物可以損其德、渝其真。柔弱不爭而不摧折，皆若此也。

精之至也。終日號而不嗄，

無爭欲之心，故終日出聲而不嗄也〔四〕。

和之至也。知和曰常，

物以和〔五〕爲常，故知和則得常也。

知常曰明，

不皦不昧，不温不涼，此常也。無形不可得而見，〔故曰「知常」曰明」也〔六〕。

益生曰祥，

生不可益，益之則夭也〔七〕。

心使氣曰强。

心宜無有，使氣則强〔八〕。

物壯則老，謂之不道，不道早已。

校 釋

〔一〕「螫」字、「於」字，據道藏集注本校改。易順鼎說：「『無犯之人也』句有誤，疑本作『無犯之者也』。」陶鴻慶說：「『毒蟲之物，無犯之人也』，當作『毒螫人之物，無犯之也』。」按，易、陶兩説均可通，然觀王弼注文之意，謂赤子不犯衆物，故毒螫之物亦無犯於人。道藏集注本文義爲長，故據改。

〔二〕「含德之厚者」，即三十八章所謂「上德不德」，亦即注所謂「上德之人，唯道是用，不德其德，無執無用」之意。

〔三〕「握」，手握物之意。「周」，道藏集注本作「堅」。波多野太郎說：「『以柔弱之故』之『故』字疑衍。下注『無爭欲之心，故終日出聲而不嗄也』、『物以和爲常，故知和則得常也』可證。」又說：「『周』當作『堅』。」

〔四〕「嗄」，玉篇：「聲破也。」莊子庚桑楚篇司馬彪注：「楚人謂嗁（啼）極無聲曰嗄。」道藏集注本「嗄」作「噫」，義同。

〔五〕「和」，和諧、不分不爭之意。

〔六〕「故曰知常」四字，據宇惠說校補。按，此爲重疊經文「知常曰明」。十六章「知常曰明」，注說：「常之爲物，不偏不彰，無皦昧之狀，温涼之象，故曰知常曰明」，與此同。

〔七〕「夭」，不祥。道藏集注本作「妖」。按，老子經文「益生曰祥」之「祥」字，易順鼎說：「祥即不祥。書序云：『有祥桑共生於朝』，與此『祥』字同義。」馬叙倫說：「『祥』疑借爲『戕』。」又按，反對「益生」之思想亦見於莊子德充符：「吾所謂無情者，言人之不以好惡内傷其身，常因自然而不益生。」

〔八〕「强」，原作「彊」。「彊」，「强」之古體字。馬叙倫說：「『彊』借爲『僵』。」按，觀經文「物壯則老，……」，此「强」字，似當爲强壯之意。

五十六章

知者不言，

因自然也。

言者不知。

造事端也。

塞其兑，閉其門，挫其鋭；

含守質也。

解其分，

除爭原也。

和其光，

無所特顯，則物無所偏爭也〔一〕。

同其塵，

無所特賤，則物無所偏恥也。

是謂玄同。故不可得而親，不可得而疏；

可得而親，則可得而疏也。

不可得而利，不可得而害；

可得而利，則可得而害也。

不可得而貴，不可得而賤，

可得而貴，則可得而賤也。

故爲天下貴。

無物可以加之也〔二〕。

校　釋

〔一〕「則物無所偏爭也」，道藏集注本作「則物物無偏爭也」。下節注「則物無所偏恥也」，作「則物物無偏恥也」。

〔二〕「也」字，道藏集注本作「者」。

五十七章

以正治國，以奇用兵，以無事取天下。

以道治國則國平，以正〔一〕治國則奇(正)〔兵〕〔二〕起也。以無事，則能取天下也。上章云，其取天下者，常以無事，及其有事，又不足以取天下也〔三〕。故以正治國，則不足以取天下，而以奇用兵也。夫以道治國，崇本以息末；以正治國，立辟〔四〕以攻末。本不立而末淺，民無所及，故必至於(以)〔五〕奇用兵也。

吾何以知其然哉？以此。天下多忌諱，而民彌貧；民多利器，國家滋昏；

利器，凡所以利己之器也。民強則國家弱。

人多伎巧，奇物滋起；

民多智慧，則巧僞生；巧僞生，則邪事起。

法令滋彰，盜賊多有。

立正欲以息邪，而奇兵用；多忌諱欲以耻貧〔六〕，而民彌貧；利器欲以强國者也，而國愈昏（多）〔弱〕〔七〕，皆舍本以治末，故以致此也。

故聖人云，我無爲而民自化，我好静而民自正，我無事而民自富，我無欲而民自樸。

上之所欲，民從之速也。我之所欲唯無欲，而民亦無欲而自樸也。此四者〔八〕，崇本以息末也。

校釋

〔一〕「正」，借爲「政」，指刑政、威權。參看十七章「其次畏之」、「其次侮之」句王弼注。

〔二〕「兵」字，據道藏集注本及陶鴻慶説校改。陶説：「『奇正起』當作『奇兵起』。『奇』，讀爲『奇衺』之『奇』。七十四章經：『而爲奇者』，注：『詭異亂羣謂之奇』是也。下節注云：『立正欲以息邪，而奇兵用』，即此義。」宇惠説：「『正』當作『兵』或『邪』。」

〔三〕「又不足以取天下也」，道藏集注本無「又」字。按，此文爲四十八章經文，本或有「又」字，本或無「又」字。考長沙馬王堆三號漢墓出土帛書老子甲乙本，此句均壞缺，然據壞缺字數計之，或當有「又」字。

〔四〕「辟」，説文：「法也」，指刑法。

〔五〕「以」字，據東條弘説校補。按，據經文「以奇用兵」，注：「以奇用兵」，此處當亦作「以奇用兵」。

〔六〕波多野太郎説：「欲以恥貧」之「恥」字，恐爲「止」字之誤。

〔七〕「弱」字，據陶鴻慶説校改。陶説：「上節『國家滋昏』注云：『民强則國家弱。』」可證。波多野太郎引一説，「多」字疑衍。

〔八〕「此四者」，指「無爲」、「好静」、「無事」、「無欲」。

五十八章

其政悶悶，其民淳淳；

言善治政者，無形、無名、無事、無政可舉〔一〕。悶悶然〔二〕，卒至於大治。故曰「其政悶悶」也。其民無所爭競，寬大淳淳〔三〕，故曰「其民淳淳」也。

其政察察，其民缺缺。

立刑名，明賞罸，以檢姦僞，故曰「〔其政〕察察」也〔四〕。殊類分析〔五〕，民懷爭競，故曰「其民缺缺」〔六〕。

禍兮福之所倚，福兮禍之所伏。孰知其極？其無正？

言誰知善治之極乎？唯無可正舉，無可形名〔七〕，悶悶然，而天下大化，是其極也〔八〕。

正復爲奇，

以正治國，則便復以奇用兵矣。故曰「正復爲奇」〔九〕。

善復爲妖，

立善以和萬物，則便復有妖之患也〔一〇〕。

人之迷，其日固久。

言人之迷惑失道固久矣，不可便正善治以責〔一一〕。

是以聖人方而不割，

以方〔一二〕導物，（舍）〔令〕〔一三〕去其邪，不以方割物。所謂大方無隅〔一四〕。

廉而不劌，

廉，清廉也〔一五〕。劌，傷也。以清廉（清）〔導〕〔一六〕民，（令去其邪）〔一七〕，令去其汙，不以清廉劌傷於物也。

直而不肆，

以直導物，令去其僻〔一八〕，而不以直激（沸）〔拂〕〔一九〕於物也。所謂大直若屈也〔二〇〕。

光而不燿。

以光鑑〔二一〕其所以迷，不以光照求其隱慝也。所謂明道若昧也〔二二〕。此皆崇本以息末、不攻〔二三〕而使復之也。

校釋

〔一〕此句注文陶鴻慶説：「『無形』以下十字，疑本當作『無可形名，無可政舉』。下節注云：『言誰知善治之極乎？唯無可正舉，無可形名，悶悶然，而天下大化，是其極也』，承此言。」石田羊一郎老子王弼注刊誤本改此句作：「無形可名，無事可舉。」按，陶鴻慶説雖於文義較長，然王弼注文自可通，不必改。又，「政」字，道藏集注本作「正」。

〔二〕「悶悶然」，無所識別貌。二十章注：「無所欲爲，悶悶昏昏，若無所識。」

〔三〕「淳淳」，樸實、寬厚。

〔四〕「其政」二字，據宇惠及東條弘説校補。按，此爲重疊經文，上節注：「故曰其政悶悶也」、「故曰其民淳淳也」。本節注下文説：「故曰其民缺缺」，都可證此處奪「其政」二字。

〔五〕「殊」，別。「殊類分析」，意爲分別上下、賢愚、貴賤等。

〔六〕「缺缺」，昏暗不明貌。馬叙倫説：「『缺』借爲『映』，説文：『映，睊也』，蓋目有蔽垢、不明之義。」

〔七〕「唯無可正舉，無可形名」，道藏集注本作：「唯無正可舉，無刑可名。」

〔八〕此節注文道藏集注本誤作王雱注。

〔九〕道藏集注本無此「曰」字。

〔一〇〕波多野太郎引一說，「以和萬物」之「和」，疑當作「利」字。道藏集注本無「萬物」之「萬」字。又，「妖」下復有「妖妄」二字。

〔一一〕波多野太郎說，「不可便正善治以責」中「便」字，當在「不可」之上。並引一說，「正善」以下，疑有脱誤。

〔一二〕「方」，正直。

〔一三〕「令」字，據陶鴻慶說校改。陶說：「據以下兩節注（『令去其汚』、『令去其僻』），此處當作『令去其邪』。」

〔一四〕「大方無隅」句，見四十一章。

〔一五〕「廉，清廉也」，易順鼎說：「王注曰『廉，清廉也』非是。鼎按，『廉』即古之『矜廉』之『廉』，謂『廉隅也』。禮聘義：『廉而不劌』，疏云：『廉，稜也』，正與此同。有稜角，則易致劌傷，故惟聖人『廉而不劌』。淮南子『金積折廉』之『廉』亦如此解。『折』即『劌』矣。」

〔一六〕「導」字，據陶鴻慶說校改。陶說：「上節注云：『以方導物，令去其邪』；下節注云：『以直導物，令去其僻。』故知此亦爲『導』也。」

〔一七〕「令去其邪」四字，據道藏集注本校删。陶鴻慶說，此爲涉上文而衍。

〔一八〕「僻」，邪僻。

〔一九〕「拂」字，據釋文及道藏取善集本校改。按，當作「拂」。「拂」，逆也。「激拂」，即違逆。「不以直激拂於物」，即四十五章王弼注所謂「隨物而直，直不在一，故若屈也」之意。
〔二〇〕「大直若屈」，語見四十五章。道藏本奪「大」字。
〔二一〕「鑑」，照。
〔二二〕「明道若昧」，語見四十一章。
〔二三〕「攻」，作。詩經大雅靈臺：「庶民攻之」，鄭箋：「攻，作也。」「不攻而使復之也」，意爲不使萬物有所作爲，而使其復歸根本。

五十九章

治人事天莫若嗇。

莫若〔一〕，猶莫過也。嗇，農夫。農人之治田，務去其殊類，歸於齊一也。全其自然，不急其荒病，除其所以荒病〔二〕。上承天命，下綏〔三〕百姓，莫過於此。

夫唯嗇，是謂早服。

早服，常也〔四〕。

早服謂之重積德，

唯重積德，不欲鋭速，然後乃能使早服其常。故曰「早服謂之重積德」者也。

重積德則無不克，無不克則莫知其極，

道無窮也。

莫知其極，可以有國。

以有窮而莅〔五〕國，非能有國也。

有國之母，可以長久。

國之所以安，謂之母。重積德，是唯圖其根，然後營末，乃得其終也。

是謂深根固柢，長生久視之道。

校釋

〔一〕「莫若」之「若」字，道藏本及道藏集注本均作「如」。或説王弼注原作「莫如」，後人據經文改。

〔二〕此句意爲，田之所以荒病，是由于田中有「殊類」，如「去其殊類」，則即爲「除其所以荒病」，如此，即能「全其自然」，而不爲「荒病」所窘困。「急」，窘也。

〔三〕「綏」，安。

〔四〕「早服」之「服」字，道藏集注本作「復」，下節注文中「服」字亦均作「復」。釋文亦出「早復」，注「音服」。俞樾、易順鼎、劉師培等均引韓非子解老以爲經文及注「早服」無誤，「服」不當作「復」。劉師培説：「解老述下文『早』『嗇』義曰：『夫能嗇也，是從於道而服於理者也。』又曰：『聖人雖未見禍患之形，虚無服從於道理，以稱蚤服。』則訓服從道理早，即先幾之義矣。王訓『早服』爲『常』。後儒又改

『服』爲『復』，見於釋文，宋人均從之，此均昧於古訓者也。」馬叙倫、范應元、蔣錫昌、奚侗等均以爲經文及注之「早服」當爲「早復」，「早復」謂早返於道。高亨校經文說：「『早服』無賓語，意不完足，……竊疑『服』下當有『道』字，『早服道』與『重積德』句法相同，文意相因。」按，據長沙馬王堆三號漢墓出土帛書老子乙本經文作「夫唯嗇，是以蚤服。蚤服是謂重積〔德〕」。與韓非子解老篇引同。甲本此句經文壞缺。是知經文及注「早服」均無誤。王弼此句注文疑於「早服」下奪一「其」字，文當作「早服其常也」。是爲釋經文「是謂早服」之意爲「早服」於「其常」也。下節注「唯重積德不欲鋭速，然後乃能使早服其常」，正承此言。

〔五〕「莅」，釋文：「古無此字，説文作『竦』。」按「竦」、「莅」均爲臨、治之意。

六十章

治大國若烹小鮮。

不擾也。躁則多害，靜則全真〔一〕。故其國彌大，而其主彌靜，然後乃能廣得衆心矣〔二〕。

以道莅天下，其鬼不神。

治大國則若烹小鮮〔三〕，以道莅天下，則其鬼不神也。

非其鬼不神，其神不傷人；

神不害自然也。物守自然，則神無所加。神無所加〔四〕，則不知神之爲神也。

非其神不傷人，聖人亦不傷人。

道洽〔五〕，則神不傷人。神不傷人，則不知神之爲神。道洽，則聖人亦不傷人，聖人不傷人，則〔亦〕〔六〕不知聖人之爲聖也。猶云〔非獨〕〔七〕不知神之爲神，亦不知聖人之爲聖也。夫恃威網以使物者，治之衰也。使不知神聖之爲神聖，道之極也。

夫兩不相傷，故德交歸焉。

神不傷人，聖人亦不傷人；聖人不傷人，神亦不傷人，故曰「兩不相傷」也。神聖合道，交〔八〕歸之也。

校釋

〔一〕「躁」，動、擾。四十五章王弼注：「靜則全物之真，躁則犯物之性。」

〔二〕「衆」字，道藏集注本作「感」。

〔三〕「鮮」，河上公注：「『鮮』，魚也。烹小魚不去腸，不去鱗，不敢撓，恐其糜也。」

〔四〕道藏集注本無下「神之所加」之「所」字。

〔五〕「洽」，合、通，和合之意。

〔六〕「亦」字，據道藏集注本校補。按，據上文「聖人亦不傷人」，下文「亦不知聖人之爲聖也」，此處亦當有一「亦」字。

〔七〕「非獨」二字，據道藏本及道藏集注本校補。按，據經文「非其神不傷人，……」，注當有「非獨」二字，於義爲長。

〔八〕「交」，俱、共。

六十一章

大國者下流。

江海居大而處下，則百川流之；大國居大而處下，則天下流之〔一〕，故曰「大國〔者〕〔二〕下流」也。

天下之交，

天下〔之〕所歸會〔者〕也〔三〕。

天下之牝。

靜而不求，物自歸之也〔四〕。

牝常以靜勝牡，以靜爲下。

以其靜，故能爲下也。牝，雌也。雄躁動貪欲，雌常以靜，故能勝雄也。以其靜復能爲下，故物歸之也。

故大國以下小國，

大國以下，猶云以大國下小國。

則取小國；

小國則附之。

小國以下大國，則取大國。

大國納之也。

故或下以取，或下而取。

言唯修卑下，然後乃各得其所〔欲〕〔五〕。

大國不過欲兼畜人，小國不過欲入事人，夫兩者各得其所欲，大者宜爲下。

小國修下，自全而已，不能令天下歸之。大國修下，則天下歸之。故曰「各得其所欲，則大者宜爲下」也。

校釋

〔一〕「則天下流之」之「流」，道藏取善集本引作「歸」。

〔二〕「者」字，據東條弘説校補。按，此處爲重疊經文，當有「者」字。

〔三〕「之」、「者」二字，據道藏集注本校補。按，「天下所歸會也」文義不足，經文「天下之交」，正指上文「大國」而言，故當言「天下之所歸會者也」。

〔四〕道藏集注本無「也」字。

〔五〕「欲」字，據陶鴻慶說校補。陶說：「『各得其所』下，當有『欲』字。下節經注皆云：『各得其所欲。』」

六十二章

道者萬物之奥，

奥，猶曖也〔一〕。可得庇蔭之辭。

善人之寶，

寶〔二〕以爲用也。

不善人之所保。

保以全也。

美言可以市，尊行可以加人。

言道無所不先，物無有貴於此也。雖有珍寶璧馬，無以匹之〔三〕。美言之，則可以奪衆貨之賈〔四〕，故曰「美言可以市」也〔五〕。尊行之，則千里之外應之，故曰「可以加於人」也〔六〕。

人之不善，何棄之有！

不善當保道以免放〔七〕。

故立天子，置三公，

言以尊行道也。

雖有拱璧以先駟馬，不如坐進此道。

此道，上之所云也。言故立天子，置三公，尊其位，重其人，所以爲道也。物無有貴於此者，故雖有拱抱寶璧以先駟馬而進之〔八〕，不如坐而進此道也。

古之所以貴此道者何？不曰以求得，有罪以免邪？故爲天下貴。

以求則得求，以免則得免，無所而不施〔九〕，故爲天下貴也。

校釋

〔一〕「奥」，原爲室之西南角，室中幽隱之處。「奥」與「曖」一聲之轉。「曖」，蔽障、隱翳之意。所以王弼注：「奥，猶曖也。可得庇蔭之辭。」道藏集注本「曖」作「愛」。「愛」乃「曖」之借字。

〔二〕「寶」，與六十七章所説「我有三寶」之「寶」同義。

〔三〕「匹」，敵。道藏集注本作「正」。

〔四〕「賈」，通「價」。「奪衆貨之賈」，意爲超過一切貨物之價值。即上文所謂「物無有貴於此」之意。

〔五〕「市」，貨賣。

〔六〕波多野太郎引一説：「故曰」下，「可以加於人也」上，當補「尊行」二字。

〔七〕陶鴻慶説：「『放』爲『於』字之誤，下又奪『罪』字。其文云：『不善當保道，以免於罪。』『保道』承上節經文『不善人之所保』而言；『免於罪』依下節經文『有罪以免』爲説。」按，陶説非。經文：「人之不善，何棄之有」，爲啓下文：「故立天子、置三公，……」而言。「人之不善，何棄之有」，即如二十七章所説：「聖人常善救人，故無棄人。」而此處注：「不善當保道以免放」，亦如二十七章注所謂：「使民心無欲無惑，則無棄人矣。」「放」，小爾雅廣言：「放，棄也。」上經文：「不善人之所保」，注：「保以全也。」故「不善當保道以免放」，意即爲不善當全其道，而以免於棄也。波多野太郎説：「放，依也」，疑此句當作：「不善當放道以免。」又，道藏集注本「放」作「倣」，古通。

〔八〕「拱」，通「珙」，大璧。王弼此處作「拱抱」解，即合抱，亦爲形容寶璧之大。「先」，疑爲「駪」之借字。長沙馬王堆三號漢墓出土帛書老子甲乙本「駟」字均作「四」，「四」借爲「駟」字，「先」借爲「駪」字。「駪」，説文：「馬衆多貌。」「以」，連結詞。觀上節注「言道無所不先，物無有貴於此也。雖有珍寶璧馬，無以匹之」之意，則此句意似當爲，雖然有如同合抱大之寶璧與衆多之馬匹等貴重財物可以得到，不如……。

〔九〕「無所而不施」之「而」字，宇惠説：「疑衍。」

六十三章

爲無爲，事無事，味無味。

以無爲爲居，以不言爲教，以恬淡爲味，治之極也〔一〕。

大小多少，報怨以德。

小怨則不足以報，大怨則天下之所欲誅，順天下之所同者，德也〔二〕。

圖難於其易，爲大於其細。天下難事必作於易，天下大事必作於細，是以聖人終不爲大，故能成其大。夫輕諾必寡信，多易必多難，是以聖人猶難之。

以聖人之才，猶尚難於細易，況非聖人之才，而欲忽於此乎？故曰「猶難之」也。

故終無難矣。

校　釋

〔一〕十七章王弼注：「大人在上，居無爲之事，行不言之教，萬物作焉而不爲始，故下知有之而已。」

〔二〕此處所謂之「德」，即三十八章王弼注「何以盡德，以無爲用」、「唯道是用，不德其德」之「德」

之意。

六十四章

其安易持，其未兆易謀，

以其安不忘危，持之不忘亡〔一〕，謀之無功之勢，故曰「易」也〔二〕。

其脆易泮，其微易散。

雖失無入有，以其微脆之故，未足以興大功，故易也。此四者，皆説慎終也。不可以無之故而不持〔三〕，不可以微之故而弗散也。無而弗持則生有焉，微而不散則生大焉。故慮終之患如始之禍，則無敗事。

爲之於未有，

謂其安未兆也〔四〕。

治之於未亂。

謂〔閉〕〔五〕微脆也。

合抱之木，生於毫末；九層之臺，起於累土；千里之行，始於足下。爲者敗之，執者失之。

當以慎終除微，慎微除亂。而〔六〕以施爲治之，形名執之，反生事原，巧辟〔七〕滋作，故敗失也。

是以聖人無爲，故無敗；無執，故無失。民之從事，常於幾成而敗之。

不慎終也。

慎終如始，則無敗事。是以聖人欲不欲，不貴難得之貨。

好欲雖微，爭尚爲之興；難得之貨雖細，貪盜爲之起也。

學不學，復衆人之所過。

不學而能者，自然也。喻於〔不〕〔八〕學者過也。故學不學，以復衆人之〔所〕〔九〕過。

以輔萬物之自然，而不敢爲。

校釋

〔一〕波多野太郎說：「持之」二字，似宜作「其存」。按，「持之」之「持」字，疑當作「存」，「之」字，涉下文「謀之」而衍。此語本周易繫辭下：「危者安其位者也，亡者保其存者也，亂者有其治者也。是故，君子安而不忘危，存而不忘亡，治而不忘亂。」

〔二〕「無功之勢」，解釋經文「未兆」，亦即尚無作爲之時。道藏集注本脱此節注文。

〔三〕「不可以無之故而不持」，意爲不能因爲尚未形成，而不注意它。下文「不可以微之故而弗散也」，義同此。

〔四〕波多野太郎說：「『其安未兆』言『其安』與『其未兆也』，承上經文。」按，「其」字疑涉經文「其安」而衍。文當作「謂安未兆也」，釋經文「爲之於未有」之意爲「安」之於「未兆」。若作「其安未兆」則不辭矣。又，若如波多野太郎說，則於經文「爲之於未有」之「爲之」之義有缺焉。

〔五〕「閉」字，據道藏集注本校補。按，「閉微脆」，即釋經文「治之於未亂」，與上節注「安未兆」意同，無「閉」字，則於義不可通矣。

〔六〕此「而」字，作「若」、「如」解。

〔七〕「辟」，說文：「法也。」

〔八〕「不」字，據古逸叢書本校刪。陶鴻慶說：「『喻』蓋『踰』字之誤。『喻於不學』，謂學而後知能者。」按，陶說雖亦可通，然不若刪「不」字於義爲長。王弼說，「不學而能者，自然也」，以此爲準，則學者爲不能自然也，所以說是「過」（過錯之過）。文當作「喻於學者過也」。波多野太郎說：「無『不』字是也。『自然』與『過』相對，『不學』與『學』相應。『喻』，曉也。」

〔九〕「所」字，據道藏集注本校補。按，此爲重疊經文，當有「所」字爲是。

六十五章

古之善爲道者，非以明民，將以愚之。

明，謂多（見）〔智〕巧詐，蔽其樸也〔一〕。愚，謂無知守真，順自然也。

民之難治，以其智多。

多智巧詐，故難治也。

故以智治國，國之賊；

智，猶治也。以智而治國，所以謂之賊者，故謂之智也。民之難治，以其多智也〔二〕。當務塞兑閉門〔三〕，令無知無欲。而以智術動民，邪心既動，復以巧術防民之僞，民知其術，（防隨）〔隨防〕〔四〕而避之。思惟密巧，奸僞益滋，故曰「以智治國，國之賊」也。

不以智治國，國之福。知此兩者，亦稽式。常知稽式，是謂玄德。玄德深矣，遠矣，

稽〔五〕，同也。今古之所同則〔六〕，不可廢。能知稽式，是謂玄德。玄德深矣，遠矣。

與物反矣，

反其真也。

然後乃至大順。

校　釋

〔一〕「智」字，據陶鴻慶説校改。下兩節注文均作「多智巧詐，故難治也」、「以其多智」可證。又，「蔽其樸」之「蔽」字，道藏取善集本引作「散」。

〔二〕此句注文多訛誤，不可讀。陶鴻慶説：「下文云：『邪心既動，復以巧術防民之僞』，又云：『思惟密巧，奸僞益滋。』疑此文當作：『智，猶巧也。以智巧治國，乃所以賊之，故謂之賊也。』」波多野太郎引一説：「『所以謂之賊者』六字，當移於『故謂之智也』下。」按，陶説義較勝，然亦不盡然。觀文義，「智，猶治也」，當如陶説作：「智，猶巧也。」「故謂之智也」五字疑衍。文當作：「智，猶巧也。以智而治國，所以謂之賊者，民之難治，以其多智也。」如此則文義自通。

〔三〕「塞兑閉門」，見五十二章王弼注：「兑，事欲之所由生。門，事欲之所由從也。」

〔四〕「隨防」原誤倒，文不可通，據陶鴻慶説校改。

〔五〕「稽」字，道藏集注本作「楷」。

〔六〕「今古之所同則」，古逸叢書本作「今古之所同而則」。「則」，法，釋經文「式」之義。二十二章：「聖人抱一爲天下式」，注：「式，猶則(之)也。」二十八章：「爲天下式」，注：「式，模則也。」此句意爲，「以智治國，國之賊」；「不以智治國，國之福」，爲今古所共同之法則，不可廢棄者。故下文説「能知稽式，是謂玄德」，等等。

六十六章

江海所以能爲百谷王者，以其善下之，故能爲百谷王。是以欲上民，必以言下之；欲先民，必以身後之。是以聖人處上而民不重，處前而民不害，是以天下樂推而不厭。以其不爭，故天下莫能與之爭。

六十七章

天下皆謂我道大，似不肖。夫唯大，故似不肖。若肖，久矣其細也夫。

久矣其細，猶曰其細久矣。肖〔一〕則失其所以爲大矣，故曰「若肖，久矣其細也夫」〔二〕。

我有三寶，持而保之。一曰慈，二曰儉，三曰不敢爲天下先。慈，故能勇；

夫慈，以陳〔三〕則勝，以守則固，故能勇也。

儉，故能廣；

節儉愛費，天下不匱〔四〕，故能廣也。

不敢爲天下先，故能成器長。

唯後外其身〔五〕，爲物所歸，然後乃能立成器爲天下利，爲物之長也〔六〕。

今舍慈且勇，

且，猶取也。

舍儉且廣，舍後且先，死矣！夫慈，以戰則勝，

相慜而不避於難，故勝也〔七〕。

以守則固，天將救之，以慈衛之。

校釋

〔一〕「肖」，像。像則像一定之形象，不如大道之無形，所以説「失其所以爲大矣」。

〔二〕道藏本及道藏集注本「夫」字均在「故」字下。

〔三〕「陳」，通「陣」，布陣作戰之意。即下節經文「夫慈，以戰則勝」之意。

〔四〕「匱」，乏。

〔五〕「後外其身」，即七章所謂：「後其身而身先，外其身而身存。」

〔六〕陶鴻慶説：「『立成』無義。『立』疑『善』之壞字。四十一章注云：『無物而不濟其形，故曰善成』是其證也。『器』字當在『利爲天下』下。」按，陶説非。「立成器爲天下利」句無誤。王弼此注乃引周易繫辭上之語：「備物致用，立成器以爲天下利，莫大乎聖人。」此注上文「唯後外其身，爲物所歸」，正指「聖人」而言。七章經文：「是以聖人後其身而身先，外其身而身存。」故此注文義自可通。

〔七〕「慜」，通「愍」，憐憫、相愛之意。此句意若六十九章王弼注所謂：「哀者必相惜而不趣利避害，故必勝。」

六十八章

善爲士者不武，

士，卒之帥也。武尚先陵〔一〕人也。

善戰者不怒，

後而不先，應而不唱，故不在怒。

善勝敵者不與，

（不）與，爭也〔二〕。

善用人者爲之下。是謂不爭之德，是謂用人之力，

用人而不爲之下，則力不爲用也〔三〕。

是謂配天古之極。

校釋

〔一〕「陵」，侵犯。

〔二〕「不」字，據陶鴻慶說校删。陶說：「王注云：『不與爭也』，『不與爭』而但云『不與』，不辭甚矣。『與』即『爭』也。墨子非儒下篇云：『若皆仁人也，則無説而相與』，與下文『若兩暴交爭』云云，文義相對。是『相與』即『相爭』也。王氏引之經義述聞謂，古者『相當』、『相敵』，皆謂之『與』，疏證最詳。『當』、『與』、『敵』，並與『爭』義近。疑注文本作『與，爭也』。後人不達其義，臆增『不』字耳。」按，陶說是。

〔三〕此即六十六章所謂「欲上民，必以言下之」之意。

六十九章

用兵有言，吾不敢爲主而爲客，不敢進寸而退尺。是謂行無行，

（彼）〔進〕〔一〕遂不止。

攘無臂，扔無敵，

行，謂行陳也〔二〕。言以謙退哀慈，不敢爲物先。用戰猶行無行，攘無臂，執無兵，扔無敵也〔三〕。言無有與之抗也。

執無兵〔四〕。禍莫大於輕敵，輕敵幾喪吾寶。

言吾哀慈謙退，非欲以取强無敵於天下也。不得已而卒至於無敵，斯乃吾之所以爲大禍也〔五〕。寶，三寶也〔六〕。故曰「幾亡吾寶」。

故抗兵相加，哀者勝矣。

抗，舉也。（加）〔若〕〔七〕，當也。哀〔八〕者必相惜而不趣利避害，故必勝。

校釋

〔一〕「進」字，據陶鴻慶説校改。陶説：「『彼』疑當爲『進』。『進遂不止』，釋經文『不敢進寸而退尺』之義。」波多野太郎說：「彼遂不止」，疑爲河上公注混入，非弼注。按，陶説是。又此注文四字疑當移至經文「是謂行無行」句上。下節注首言：「行，謂行陳也」，即釋經文「行無行」。故經文「是謂行無行」當與「攘無臂，……」相聯。

〔二〕東條弘説：「行，謂行陳也」五字，當移至上注「彼遂不止」四字前。按，東條弘説非，説見前。

〔三〕「攘」，馬叙倫説：「借爲『纕』。」説文：「纕，援臂也。」「扔」，道藏集注本作「仍」。馬叙倫説：「『扔』、『仍』音義同，説文曰：『扔，捆也』，『捆』，就也。」據馬説，則「行無行」意爲，欲行陣相對而無陣可行。「攘無臂」意爲，欲援臂相鬥而無臂可援。「執無兵」意爲，欲執兵相戰而無兵可執。「扔無敵」意爲，欲就敵相爭而無敵可就。此均爲説明，由於「謙退」、「不敢爲物先」，因而使得他人欲戰、欲鬥、欲用兵、欲爲敵而都找不到對立之一方。按，「扔」字，疑當作「乃」。長沙馬王堆三號漢墓出土帛書老子甲乙本經文均作「乃」。觀王弼注文説：「言無有與之抗也」之意，正釋經文「乃無敵」之義。故似作「乃無敵」於義爲長。作「扔」者，因經文「執無兵」三字誤在下（當在「攘無臂」下，「乃無敵」上），又因三十八章「則攘臂而扔之」句，不明其義者妄改也。三十八章「攘臂而扔之」之「扔」字，長沙馬王堆三號漢墓出土帛書老子甲乙本經文亦均作「乃」，此「乃」字爲「扔」之借字，而本章注「乃無敵」，當以「乃」本字用。

〔四〕按，「執無兵」三字，據王弼注文次序當在「攘無臂」下。長沙馬王堆三號漢墓出土帛書老子甲乙本經文「執無兵」三字均在「攘無臂」下可證。

〔五〕陶鴻慶説，此節注文當作：「言吾哀慈謙退，非欲以兵取强於天下，不得已也。無敵而卒至於輕敵，斯乃吾之所以爲大禍也」，傳寫錯誤，遂不可通。按，陶説非。據馬敘倫遵傅奕本校定老子經文，兩「輕敵」，均爲「無敵」之誤。長沙馬王堆三號漢墓出土帛書老子甲乙本亦均作「無敵」。又，觀王弼上節注：「言無有與之抗也」，也爲「無敵」之意。則此節注文無誤可知也。此注之意爲，我之所以用「哀慈謙退」，原不爲「取强無敵於天下」者，然終而至於「無敵」，此乃我之所以視爲「大禍」者。

〔六〕「三寶」，指「慈」、「儉」、「不敢爲天下先」。文見六十七章。

〔七〕「若」字，據道藏集注本校改。按，「加」字無「當」義，當作「若」。傅奕本老子經文及長沙馬王堆三號漢墓出土帛書老子甲乙本經文「相加」，均作「相若」。可見，注文「若」誤作「加」，乃因經文之誤而誤。

〔八〕「哀」，憐惜之意。勞健説：「王弼注云云，後人相承，多誤解『哀』字，如哀傷之義，大失其旨。王弼注『慈以陳則正』句云：『相慜而不避於難，故正也。』（文見六十七章。「陳」作「戰」，「正」作「勝」。）與此句注大同小異，則王弼本意當亦以『哀』爲慈愛而非哀傷。」

七十章

吾言甚易知，甚易行，天下莫能知，莫能行。

可不出户窺牖而知〔一〕，故曰「甚易知」也。無爲而成〔二〕，故曰「甚易行」也。惑於躁欲，故曰「莫之能知」也。迷於榮利，故曰「莫之能行」也。

言有宗，事有君。

宗，萬物之(宗)〔主〕〔三〕也；君，萬(物)〔事〕〔四〕之主也。

夫唯無知，是以不我知。

以其言有宗、事有君之故，故有知之人，不得不知之也〔五〕。

知我者希，則我者貴，

唯深，故知之者希也〔六〕。知我益希，我亦無匹〔七〕，故曰「知我者希，則我(者)貴」也〔八〕。

是以聖人被褐懷玉。

被褐者〔九〕，同其塵；懷玉者〔一〇〕，寶其真也〔一一〕。聖人之所以難知，以其同塵而不殊〔一二〕，懷玉而不渝〔一三〕，故難知而爲貴也。

校釋

〔一〕四十七章：「不出户，知天下；不闚牖，見天道。」注：「道有大常，理有大致。執古之道，可以御今；雖處於今，可知古始。故不出户闚牖，而可知也。」

〔二〕四十七章王弼注：「明物之性，因之而已，故雖不爲，而使之成矣。」

〔三〕「主」字，據陶鴻慶説校改。陶説：「宗亦主也。注釋『宗』、『君』二字義無區別。疑原文當云：『宗，萬物之主也。』」按，陶説是。四章：「淵兮似萬物之宗」，注：「形雖大，不能累其體；事雖殷，不能充其量。萬物舍此而求主，主其安在乎？不亦淵兮似萬物之宗乎？」亦以「主」釋「宗」，可爲證。

〔四〕「事」字，據道藏集注本校改。陶鴻慶亦説當作：「君，萬事之主也。」經文及下節注文均作「事有君」可證。

〔五〕此句注文文義不明，疑有錯誤。宇惠説：「不得不知之也」句下「不」字疑爲「而」字之誤。按，疑「有知」之「有」爲「無」之訛，「不知」之「不」爲「我」之訛。經文説：「夫唯無知，是以不我知。」注文正釋此意，故當作「故無知之人，不得我知之也」。「無知之人」，指不懂得「言有宗，事有君」之道理的人，因此，也就不能懂得「吾言甚易知，甚易行」，亦即「不得我知之也」。「不得我知之」，如説不能知道我，所以經文説「知我者希」，注：「唯深，故知之者希也。」

〔六〕「希」，借爲「稀」，少。

〔七〕「我亦無匹」之「亦」字，陶鴻慶説：「當作『益』。」

〔八〕「者」字，據道藏集注本校删。按，觀王弼注文之義不當有「者」字。注文之義謂，知我者愈少，於是我就貴重了。下節注文説：「聖人之所以難知，以其同塵而不殊，懷玉而不渝，故難知而爲貴也」，正申述此意。若有「者」字，則「則」字當作「效法」義解，則於上下文義不可通。注文所以衍此「者」字，乃由於老子經文：「則我者貴」句已衍「者」字而沿誤。馬叙倫據傅奕本校訂，經文「則我者貴」無「者」字。長沙馬王堆三號漢墓出土帛書老子甲乙本經文此句亦均作「則我貴矣」可證。

〔九〕「被」，披。「褐」，黑色短衣。「被褐」，指穿着普通人的衣着，不突出，即所謂「同其塵」。

〔一〇〕「懷」，馬叙倫説：「當作『褢』，説文：『褢，袌也。』今通用『懷』。」「懷玉」，即把玉包裹起來，不使其顯露出來。按，馬説是。長沙馬王堆三號漢墓出土帛書老子甲乙本經文「懷」字，正均作「褢」。

〔一一〕「寶」，通「保」。「真」，樸、無。

〔一二〕「殊」，別。「不殊」，不與萬物區別，即所謂「不殊其類」。

〔一三〕「不渝」，道藏取善集本引作「不顯」。按，「渝」爲變、污之義。觀此注上下文義作「不渝」不可通，而以作「不顯」義爲長。「懷玉而不顯」，意即把寶玉包裹起來，不使其顯露。又，「渝」字疑爲「矜」字之誤。上文説：「懷玉者，寶其真也。」四十一章：「質真若渝」，王注：「質真者，不矜其真，故〔若〕渝」，可證此處當作「不矜」。「同塵而不殊」、「懷玉而不矜」對文同義。此處作「不渝」者，疑涉四章王弼注：「同塵而不渝其真」句而誤。

七十一章

知不知，上；不知知，病。

不知知之不足任，則病也。

夫唯病病，是以不病。聖人不病，以其病病，是以不病〔一〕。

校釋

〔一〕道藏集注本於此經文下有王弼注文「病病者，知所以爲病」八字。

七十二章

民不畏威，則大威至。無狎其所居，無厭其所生。

清（淨）〔靜〕〔一〕無爲謂之居，謙後不盈謂之生。離〔二〕其清（淨）〔靜〕，行其躁欲，棄其謙後，任其威權，則物擾而民僻〔三〕，威不能復制民〔四〕。民不能堪〔五〕其威，則上下大潰矣，天誅將至。故曰「民不畏威，則大威至。無狎其所居，無厭其所生」〔六〕。言威力不可任也。

夫唯不厭，

不自厭也。

是以不厭。

不自厭，是以天下莫之厭。

是以聖人自知，不自見；

不自見其所知，以耀光行威也〔七〕。

自愛，不自貴。

自貴，則(物)〔將〕狎(厭居)〔居厭〕生〔八〕。

故去彼取此。

校釋

〔一〕「靜」字，據東條弘説「本『清淨』作『清靜』」校改。按，王弼以「清靜」與「躁欲」對言，以「清靜」爲本。六章王弼注：「守靜不衰」，十五章王弼注：「濁以靜，物則得清」，四十五章王弼注：「靜無爲以勝熱。以此推之，則清靜爲天下正也。靜則全物之真，躁則犯物之性，故惟清靜，乃得如上諸大也」等，均可爲證。下「離其清靜」之「靜」字同此。

〔二〕「離」字，道藏本及道藏集注本均誤作「雖」。

〔三〕「擾」，亂。「僻」，邪。

〔四〕「制民」之「民」字，道藏集注本作「良」。

〔五〕「堪」，勝任。

〔六〕「狎」，近。道藏集注本作「狹」。「狎」、「狹」古通。「厭」，損。

〔七〕「耀光」，意爲偵察人之隱慝。五十八章「光而不燿」注：「以光鑑其所以迷，不以光照求其隱慝也。」「耀光」即爲「光而不燿」之反義。又，古逸叢書本「耀光」作「光耀」。「行威」，道藏集注本作「行藏」。

〔八〕此節注文據陶鴻慶説校改。陶説：「『物』蓋『將』字之誤。草書似之。『狎厭居生』，當作『狎居厭生』。本章經云：『無狎其所居，無厭其所生。』」

七十三章

勇於敢則殺，

必不得其死也。

勇於不敢則活。

必齊命也〔一〕。

此兩者，或利或害。

俱勇而所施者異〔二〕，利害不同，故曰「或利或害」也。

天之所惡，孰知其故？是以聖人猶難之。

孰，誰也。言誰能知天（天下之所惡）意（故）邪？其唯聖人〔也〕〔三〕。夫聖人之明，猶難於勇敢，況無聖人之明，而欲行之也。故曰「猶難之」也〔四〕。

天之道，不爭而善勝，

(天)〔夫〕唯不爭，故天下莫能與之爭〔五〕。

不言而善應，

順則吉，逆則凶，不言而善應也〔六〕。

不召而自來，

處下則物自歸〔七〕。

繟然而善謀。

垂象而見吉凶〔八〕，先事而設誠〔九〕，安而不忘危，未(召)〔兆〕〔一〇〕而謀之，故曰「繟然〔一一〕而善謀」也。

天網恢恢，疏而不失。

校　釋

〔一〕「齊」，道藏集注本作「濟」。「齊」通「濟」，成全。「齊命」，如説「全命」。

〔二〕「所施者異」，指一則「勇於敢」，一則「勇於不敢」。

〔三〕此句注文據列子力命篇張湛注引校改。按，原注文義不通，當據列子力命篇改，義自通。

〔四〕道藏集注本脱此節注文。

〔五〕「夫」字，據道藏集注本校改。按，此乃引二十二章經文：「夫唯不爭，故天下莫能與之爭。」作「天」者，形近而誤。又，「唯」字，道藏本誤作「雖」。

象之。」

〔六〕「善應」，道藏集注本作「臨應」。

〔七〕六十一章王弼注：「江海居大而處下，則百川流之；大國居大而處下，則天下流之。」

〔八〕語出周易繫辭上：「天生神物，聖人則之；天地變化，聖人效之。天垂象，見吉凶，聖人象之。」

〔九〕「誡」字，宇惠説，據文義當作「誡」，形近而訛。

〔一〇〕「兆」字，據道藏集注本等校改。六十四章「其未兆易謀」可證。

〔一一〕「繟」字，道藏集注本作「組」。或作「墠」。按，「繟」、「組」、「墠」音近，同借爲「坦」。「坦然」，即坦白無私。

七十四章

民不畏死，奈何以死懼之！若使民常畏死，而爲奇者吾得執而殺之，孰敢？

詭異亂羣，謂之奇也〔一〕。

常有司殺者殺，夫代司殺者殺，是謂代大匠斲。夫代大匠斲者，希有不傷其手矣。

爲逆，順者之所惡忿也〔二〕；不仁者，人之所疾也〔三〕。故曰「常有司殺」也。

校　釋

〔一〕「羣」字，道藏取善集本引作「真」。

〔二〕宇惠説：疑「順者」二字倒乙。文當爲「爲逆者，順之……」。按，又疑「忿」爲衍文，讀者以「忿」注「惡」而誤衍入者。文當作「爲逆者，順之所惡也」，與下文「不仁者，人之所疾也」正相對應。

〔三〕「人之所疾也」之「人」字，勞健説，當爲「天」字之訛，語出前章經文「天之所惡」。

七十五章

民之饑，以其上食税之多，是以饑。民之難治，以其上之有爲，是以難治。民之輕死，以其求生之厚，是以輕死。夫唯無以生爲者，是賢於貴生。

言民之所以僻〔一〕，治之所以亂，皆由上，不由其下也〔二〕。民從上也〔三〕。

校　釋

〔一〕「僻」，邪。

〔二〕此句注文陶鴻慶説：「『皆由上，不由其下也』，『其』字誤奪在下，當云：『皆由其上，不由下也。』『其上』二字乃舉經文。」

〔三〕道藏集注本於「民從上也」句下，尚有「此疑非老子之所作」八字。

七十六章

人之生也柔弱，其死也堅强。萬物草木之生也柔脆，其死也枯槁。故堅强者死之徒，柔弱者生之徒。是以兵强則不勝，

强兵以暴於天下者，物之所惡也，故必不得勝〔一〕。

木强則兵。

物所加也。

强大處下，

木之本也〔二〕。

柔弱處上。

枝條是也。

校釋

〔一〕列子黄帝篇張湛注引此作：「物之所惡，故必不得終焉。」易順鼎説：列子引此注爲「兵强則

滅，木强則折」二句之注，今注誤「終」爲「勝」，又誤在「兵强則不勝」之下。據張注知王弼本作「兵强則滅」，今作「兵强則不勝」者，乃後人因誤注而並改正文矣。按，易説非。據長沙馬王堆三號漢墓出土帛書老子甲乙本經文均作「兵强則不勝」，可知經文與注均不誤。

〔二〕「木」字，道藏集注本作「大」。

七十七章

天之道，其猶張弓與！高者抑之，下者舉之；有餘者損之，不足者補之。天之道，損有餘而補不足。人之道則不然，

與天地合德，乃能包之如天之道。如人之量，則各有其身，不得相均。如惟無身無私乎〔一〕？自然，然後乃能與天地合德。

損不足以奉有餘。孰能有餘以奉天下？唯有道者。是以聖人爲而不恃，功成而不處，其不欲見賢。

言（唯）〔誰〕〔二〕能處盈而全虛，損有以補無，和光同塵，蕩而均者〔三〕？唯（其）〔有〕道〔者〕也〔四〕。是以聖人不欲示其賢，以均天下。

校釋

〔一〕「如惟無身無私乎」句中「如」字當作「此」解。如論語憲問「如其仁，如其仁」之「如」。「如惟……」，如同説「此只有……」。

〔二〕「誰」字，據陶鴻慶説校改。按，經文作「孰能有餘以奉天下」可證。「孰」，誰也，作「唯」者形近而誤。

〔三〕「蕩」，廣大。「均」，均平。

〔四〕「有」字，據陶鴻慶説校改。「者」字，據石田羊一郎説校補。按，此爲復述經文「唯有道者」，當如陶説等改。

七十八章

天下莫柔弱於水，而攻堅强者莫之能勝，其無以易之。

以，用也。其，謂水也。言用水之柔弱，無物可以易之也〔一〕。

弱之勝强，柔之勝剛，天下莫不知，莫能行。是以聖人云，受國之垢，是謂社稷主；受國不祥，是爲天下王。正言若反。

校釋

〔一〕道藏集注本脱此節注文。

七十九章

和大怨，必有餘怨，

不明理其契〔一〕，以致大怨已至。而德〔以〕〔二〕和之，其傷不復，故〔必〕〔三〕有餘怨也。

安可以爲善？是以聖人執左契，

左契〔四〕，防怨之所由生也。

而不責於人。有德司契，

有德之人，念思其契，不(念)〔令〕〔五〕怨生而後責於人也〔六〕。

無德司徹。

徹，司人之過也〔七〕。

天道無親，常與善人。

校釋

〔一〕「理」，治理。「契」，書契，指契約、法令。周易繫辭下：「上古結繩而治，後世聖人易之以書契。」韓康伯注：「書契所以決斷萬事也。」

〔二〕「以」字，據道藏本及道藏集注本校補。「德以和之」，意爲用德來調和大怨。

〔三〕「必」字，據道藏本及道藏集注本校補。按，經文作「必有餘怨」可證。

〔四〕「左契」，契分左右以爲對質。禮記曲禮：「獻粟者，執右契」，鄭玄注：「契，券要也，右爲尊。」商子定分：「以左券予吏之問法令者；主法令之吏，謹藏其右券木柙以寶藏之。」戰國策韓策：「操右契而爲公責德於秦魏之王。」馬叙倫引王雱說：「左契乃受責者之所執」；引吴澄說：「執左契者，己不責於人，待人來責於己。有持右契來合者，即與之，無心計較其人之善否。」王弼注「左契，防怨之所由生也」，正是待人來責於己，而己不責於人之意。

〔五〕「令」字，據道藏本及道藏集注本校改。作「念」者，義不可通，涉「念思其契」之「念」而誤。

〔六〕王弼周易訟卦象辭注：「聽訟，吾猶人也，必也使無訟乎！無訟在於謀始，謀始在於作制。契之不明，訟之所以生也。物有其分，職不相濫，爭何由興？訟之所以起，契之過也。故有德司契而不責於人。」可爲此處注文之參考。

〔七〕「徹」，通「轍」。俞樾說：「『徹』與『轍』通。二十七章：『善行無轍迹』，釋文作『徹』，引梁武帝曰：『徹』應『車』邊。」「司」，馬叙倫説：「『司』，讀爲伺察之『伺』。」「徹，司人之過也」，釋經文「無德司轍」，意爲無德之人專注視人之行迹，以察他人之過錯。

八十章

小國寡民，

國既小，民又寡，尚可使反古，況國大民衆乎！故舉小國而言也。

使有什伯之器而不用，

言使民雖有什伯之器〔一〕，而無所用〔二〕，何患不足也。

使民重死而不遠徙。

使民不用，惟身是寶，不貪貨賂〔三〕。故各安其居，重死而不遠徙也。

雖有舟輿，無所乘之；雖有甲兵，無所陳之；使人復結繩而用之。甘其食，美其服，安其居，樂其俗。鄰國相望，鷄犬之聲相聞，民至老死不相往來。

無所欲求〔四〕。

校釋

〔一〕「什伯之器」，指兵器。俞樾説：「什伯之器，乃兵器也。後漢書宣秉傳注曰：『軍法五人爲伍，二五爲什，則共其器。』其兼言伯者，古軍法以百人爲『伯』。周書武順篇：『五五二十五曰元卒，四卒成衛曰伯』，是其證也。什伯皆士卒部曲之名。禮記祭義篇曰：『軍旅什伍。』彼言『什伍』，此言『什伯』，所稱有大小，而無異義。徐鍇說文繫傳於人部『伯』下引『老子曰：有什伯之器。每什伯共用器，謂兵革之屬』，得其解矣。」

〔二〕道藏本及道藏集注本於「無所用」下均有「之當」二字。則此注文當作「……而無所用之，當何患不足也」。

〔三〕「貨賂」，貨物。

〔四〕「欲求」，道藏集注本作「求欲」。按，本章與下章經文，據長沙馬王堆三號漢墓出土帛書老子甲乙本次序，均在今本六十六章之後，六十七章之前。

八十一章

信言不美，

實在質也。

美言不信；

本在樸也。

善者不辯，辯者不善；知者不博，

極在一也〔一〕。

博者不知。聖人不積，

無私自有〔二〕，唯善是與〔三〕，任物而已。

既以爲人，己愈有；

物所尊也。

既以與人，己愈多。

物所歸也。

天之道，利而不害。

動常生成之也〔四〕。

聖人之道，爲而不爭。

順天之利，不相傷也。

校釋

〔一〕三十九章王弼注：「一，數之始而物之極也。」

〔二〕「無私自有」，波多野太郎說：「『自』字宜作『不』字。二章『生而不有』。」

〔三〕「與」，通「予」，給予。

〔四〕「動」，指天道之動。此句意爲，天道動而使物生之、成之。

老子指略輯佚

夫物之所以生，功之所以成，必生乎無形，由乎無名〔一〕。無形無名者，萬物之宗也〔二〕。不溫不涼，不宮不商〔三〕。聽之不可得而聞，視之不可得而彰，體之不可得而知，味之不可得而嘗〔四〕。故其爲物也則混成〔五〕，爲象也則無形〔六〕，爲音也則希聲〔七〕，爲味也則無呈〔八〕。故能爲品物之宗主，苞通天地，靡使不經也〔九〕。若溫也則不能涼矣，宮也則不能商矣。形必有所分，聲必有所屬。故象而形者，非大象也；音而聲者，非大音也。然則，四象不形，則大象無以暢；五音不聲，則大音無以至〔一〇〕。四象形而物無所主焉，則大象暢矣；五音聲而心無所適焉，則大音至矣〔一一〕。故執大象則天下往，用大音則風俗移也〔一二〕。無形暢，天下雖往，往而不能釋也；希聲至，風俗雖移，移而不能辯也〔一三〕。是故天生五物，無物爲用〔一四〕。聖行五教，不言爲化〔一五〕。是以「道可道，非常道；名可名，非常名」也〔一六〕。五物之母，不炎不寒，不柔不剛；五教之母，不皦不昧〔一七〕，不恩不傷。雖古今不同，時移俗易，此不變也，所謂「自古及今，其名不去」者也〔一八〕。天不以此，則物不生；治不以此，則功不成。故古今通，終始同；執古可以御今，證今可以知古始〔一九〕；此所謂「常」者也〔二〇〕。無皦昧之狀，溫涼之象，故「知常曰明」也〔二一〕。物生功成，莫不由乎此，故「以閱衆甫」也〔二二〕。

夫奔電之疾猶不足以一時周，御風之行猶不足以一息期〔二三〕。善速在不疾，善至在不行。故可道之盛，未足以官天地；有形之極，未足以府萬物〔二四〕。是故歎之者不能盡乎斯美，詠之者不能暢乎斯弘〔二五〕。名之不能當，稱之不能既〔二六〕。名必有所分，稱必有所由〔二七〕。有分則有不兼，有由則有不盡〔二八〕；不兼則大殊其真，不盡則不可以名，此可演而明也〔二九〕。夫「道」也者，取乎萬物之所由也；「玄」也者，取乎幽冥之所出也；「深」也者，取乎探賾而不可究也〔三〇〕；「大」也者，取乎彌綸而不可極也〔三一〕；「遠」也者，取乎綿邈而不可及也〔三二〕；「微」也者，取乎幽微而不可覩也。然則「道」、「玄」、「深」、「大」、「微」、「遠」之言〔三三〕，各有其義，未盡其極者也。然彌綸無極，不可名細；微妙無形，不可名大。是以篇云：「字之曰道」，「謂之曰玄」，而不名也〔三四〕。然則，言之者失其常，名之者離其真，爲之者則敗其性，執之者則失其原矣〔三五〕。是以聖人不以言爲主，則不違其常；不以名爲常，則不離其真；不以爲爲事，則不敗其性；不以執爲制，則不失其原矣〔三六〕。然則，老子之文〔三七〕，欲辯而詰者，則失其旨也；欲名而責者，則違其義也。故其大歸也〔三八〕，論太始之原以明自然之性，演幽冥之極以定惑罔之迷〔三九〕。因而不爲，損而不施〔四〇〕；崇本以息末，守母以存子〔四一〕；賤夫巧術，爲在未有〔四二〕；無責於人，必求諸己〔四三〕；此其大要也。而法者尚乎齊同，而刑以檢之〔四四〕。名者尚乎定真，而言以正之〔四五〕。儒者尚乎全愛，而譽以進之〔四六〕。墨者尚乎儉嗇，而矯以立之〔四七〕。雜者尚乎衆美，而總以行之〔四八〕。夫刑以檢物，巧僞必生；名以定物，理恕必失；譽以進物，爭尚必起；矯以立物，乖違必作；雜以行物，穢亂必興。斯皆用其子而棄其母。物失所載，未足守也。然致同塗異，至合趣乖〔四九〕，而學者惑其所致，迷其所趣。觀其齊同，則謂之法；覩其定真，則謂之名；察其純愛，則謂之儒；鑒其儉嗇，則謂之墨；見其不係，則謂之雜。隨其所鑒而正名焉，順其所好而執意焉。故使有紛紜憒錯之論〔五〇〕，殊趣辯析之爭〔五一〕，蓋由斯矣。又其爲文也，舉終以證始，本始以盡終〔五二〕；開而弗達，導而弗牽〔五三〕。尋而後既其義，推而後盡其理。善發事始以首其論，明夫會歸以終其文〔五四〕。故使同趣而感發者〔五五〕，莫不美其興言之始，因而演焉；異旨而獨構者〔五六〕，莫不説其會歸之徵，以爲證焉。夫途雖殊，必同其歸；慮雖百，必均其致。而舉夫歸致以明至理，故使觸類而思者，莫不欣其思之所應，以爲得其義焉。

凡物之所以存，乃反其形；功之所以尅，乃反其名〔五七〕。夫存者不以存爲存，以其不忘亡也；安者不以安爲安，以其不忘危也。故保其存者亡，不忘亡者存；安其位者危，不忘危者安。善力舉秋毫，善聽聞雷霆，此道之與形反也〔五八〕。安者實安，而曰非安之所安；存者實存，而曰非存之所存；侯王實尊，而曰非尊之所爲〔五九〕；天地實大，而曰非大之所能；聖功實存，而曰絕聖之所立；仁德實著，而曰棄仁之所存〔六〇〕。故使見形而不及道者，莫不忿其言焉〔六一〕。夫欲定物之本者，則雖近而必自遠以證其始。夫欲明物之所由者，則雖顯而必自幽以叙其本。故取天地之外，以明形骸之内；明侯王孤寡之義，而從道一以宣其始〔六二〕。故使察近而不及流統之原者，莫不誕其言以爲虛焉〔六三〕。是以云云者，各申其説，人美其亂〔六四〕。或迂其言，或譏其論，若曉而昧，若分而亂〔六五〕，斯之由矣。

名也者，定彼者也；稱也者，從謂者也〔六六〕。名生乎彼，稱出乎我〔六七〕。故涉之乎無物而不由，則稱之曰道；求之乎無妙而不出，則謂之曰玄〔六八〕。妙出乎玄，衆由乎道。故「生之畜之」，不壅不塞，通物之性，道之謂也。「生而不有，爲而不恃，長而不宰」，有德而無主，玄之德也〔六九〕。「玄」，謂之深者也〔七〇〕；「道」，稱之大者也。名號生乎形狀，稱謂出乎涉求。名號不虛生，稱謂不虛出。故名號則大失其旨，稱謂則未盡其極〔七一〕。是以謂玄則「玄之又玄」，稱道則「域中有四大」也〔七二〕。

老子之書，其幾乎可一言而蔽之。噫！崇本息末而已矣。觀其所由，尋其所歸，言不遠宗，事不失主〔七三〕。文雖五千，貫之者一；義雖廣瞻，衆則同類。解其一言而蔽之，則無幽而不識；每事各爲意，則雖辯而愈惑〔七四〕。嘗試論之曰：夫邪之興也，豈邪者之所爲乎？淫之所起也，豈淫者之所造乎？故閑邪在乎存誠，不在善察〔七五〕；息淫在乎去華，不在滋章〔七六〕；絶盜在乎去欲，不在嚴刑；止訟存乎不尚，不在善聽〔七七〕。故不攻其爲也，使其無心於爲也；不害其欲也，使其無心於欲也。謀之於未兆，爲之於未始〔七八〕，如斯而已矣。故竭聖智以治巧僞，未若見質素以靜民欲〔七九〕；興仁義以敦薄俗，未若抱樸以全篤實；多巧利以興事用，未若寡私欲以息華競〔八〇〕。故絶司察〔八一〕，潛聰明，去勸進，翦華譽〔八二〕，棄巧用，賤寶貨。唯在使民愛欲不生，不在攻其爲邪也〔八三〕。故見素樸以絶聖智〔八四〕，寡私欲以棄巧利，皆崇本以息末之謂也。

夫素樸之道不著，而好欲之美不隱〔八五〕，雖極聖明以察之，竭智慮以攻之，巧愈思精，僞愈多變，攻之彌甚，避之彌勤。則乃智愚相欺，六親相疑，樸散真離，事有其奸。蓋舍本而攻末，雖極聖智，愈致斯災，況術之下此者乎！夫鎮之以素樸，則無爲而自正〔八六〕；攻之以聖智，則民窮而巧殷〔八七〕。故素樸可抱，而聖智可棄。夫察司之簡，則避之亦簡；竭其聰明，則逃之亦察〔八八〕。簡則害樸寡，密則巧僞深矣。夫能爲至察探幽之術者，匪唯聖智哉？其爲害也，豈可記乎！故百倍之利未渠多也〔八九〕。

夫不能辯名，則不可與言理；不能定名，則不可與論實也〔九〇〕。凡名生於形，未有形生於名者也〔九一〕。故有此名必有此形，有此形必有其分。仁不得謂之聖，智不得謂之仁，則各有其實矣。夫察見至微者，明之極也；探射隱伏者〔九二〕，慮之極也。能盡極明，匪唯聖乎？能盡極慮，匪唯智乎？校實定名，以觀絶聖，可無惑矣〔九三〕。夫敦樸之德不著，而名行之美顯尚，則修其所尚而望其譽，修其所道而冀其利。望譽冀利以勤其行，名彌美而誠愈外，利彌重而心愈競。父子兄弟，懷情失直，孝不任誠，慈不任實，蓋顯名行之所招也。患俗薄而名興行〔九四〕、崇仁義，愈致斯僞，况術之賤此者乎？故絶仁棄義以復孝慈，未渠弘也〔九五〕。

夫城高則衝生〔九六〕，利興則求深。苟存無欲，則雖賞而不竊〔九七〕；私欲苟行，則巧利愈昏。故絶巧棄利，代以寡欲，盜賊無有〔九八〕，未足美也。夫聖智，才之傑也；仁義，行之大者也；巧利，用之善也。本苟不存，而興此三美〔九九〕，害猶如之，况術之有利，斯以忽素樸乎〔一〇〇〕！故古人有歎曰：甚矣，何物之難悟也！既知不聖爲不聖，未知聖之不聖也；既知不仁爲不仁，未知仁之爲不仁也。故絶聖而後聖功全，棄仁而後仁德厚。夫惡强非欲不强也，爲强則失强也；絶仁非欲不仁也，爲仁則僞成也。有其治而乃亂，保其安而乃危。後其身而身先，身先非先身之所能也；外其身而身存，身存非存身之所爲也〔一〇一〕。功不可取，美不可用。故必取其爲功之母而已矣〔一〇二〕。篇云：「既知其子」，而必「復守其母」〔一〇三〕。尋斯理也，何往而不暢哉！

校釋

〔一〕老子一章王弼注：「道以無形無名始成萬物。」「夫物」之「夫」字，微旨例略誤作「天」。「無形」下，指歸略例衍一「形」字。

〔二〕「無形無名」，指道。「宗」，主。老子十四章：道「其上不皦，其下不昧，繩繩不可名，復歸於無物，是謂無狀之狀，無物之象。是謂恍惚，……」王弼注：「無形無名者，萬物之宗也。」

〔三〕「不温不涼，不宮不商」，意爲「道」不是某一種具體事物，没有任何具體之屬性，因此也没有任何局限性。老子十六章王弼注：「常之爲物，不偏不彰，無皦昧之狀，温涼之象。」三十五章王弼注：「大象，天象之母也。〔不炎〕不寒，不温不涼，故能包統萬物，無所犯傷。主若執之，則天下往也。」「宮」、「商」，各是五音之一。「温」、「涼」，參看老子十六章王弼注校釋〔五〕。

〔四〕老子十四章：「視之不見名曰夷，聽之不聞名曰希，搏之不得名曰微。此三者不可致詰，故混而爲一。」王弼注：「無狀無象，無聲無響，故能無所不通，無所不往。不得而知，更以我耳、目、體，不知爲名，故不可致詰，混而爲一也。」

〔五〕老子二十五章：「有物混成，先天地生。」王弼注：「混然不可得而知，而萬物由之以成，故曰混成也。」

〔六〕老子四十一章：「大象無形。」王弼注：「有形則有分，有分者，不温則〔炎〕〔涼〕，不炎則寒。故象而形者，非大象。」

〔七〕老子四十一章：「大音希聲。」王弼注：「聽之不聞名曰希。〔大音〕，不可得聞之音也。有聲則有分，有分則不宮而商矣。分則不能統衆，故有聲者非大音也。」

〔八〕「呈」，通「程」，說文：「品也。」「無呈」，無可品嘗。

〔九〕「品」，說文：「衆遮也。」「品物」，即萬物。「苞通天地」之「苞」，指歸略例作「包」。「苞」，通「包」。微旨例略脱「天地」二字。「靡使不經」，即老子二十五章王弼注所謂「無物而不由也」之意。

〔一〇〕「四象」，孔穎達周易繫辭疏：「四象者，謂金、木、水、火。」「暢」，通達。「五音」，宮、商、角、徵、羽。「至」，達。此句意爲，然而没有具體的「四象」、「五音」，那末「大象」、「大音」的作用也無從體現出來。

〔一一〕此句意爲，雖然萬物通過「四象」顯現出來，但不以「四象」爲宗主。如此，「大象」即可通達無阻。雖然聲音通過「五音」表達出來，但並不執着於「五音」。如此，「大音」才能通達。

〔一二〕「用大音則風俗移也」，指歸略例無「也」字。

〔一三〕「釋」、「辯」，均爲明白之意。「不能釋」、「不能辯」，意爲不知其所以然。

〔一四〕「五物」，金、木、水、火、土。此句意爲，雖然天生「五物」以構成萬物，然而必須以無爲用。此即老子十一章王弼注所謂：「有之以爲利，皆賴無以爲用也。」又如老子三十八章王弼注所謂：「何以盡德？以無爲用。以無爲用，則莫不載也。故物，無焉，則無物不經；有焉，則不足以免其生。」

〔一五〕「五教」，五倫之教。孟子滕文公：「使契爲司徒，教以人倫：父子有親，君臣有義，夫婦有别，長幼有序，朋友有信。」「不言爲化」，即老子十七章王弼注所謂：「居無爲之事，行不言之教。」亦即老子十章王弼注所謂：「道常無爲，侯王若能守，則萬物〔將〕自化。」

〔一六〕語出老子一章。王弼注：「可道之道，可名之名，指事造形，非其常也。」

〔一七〕「皦」，明。「昧」，暗。

〔一八〕語出老子二十一章。王弼注：「至真之極，不可得名。無名，則是其名也。自古及今，無不由此而成，故曰自古及今，其名不去。」

〔一九〕「證今」之「證」字，微旨例略作「御」。老子十四章王弼注：「無形無名者，萬物之宗也。雖今古不同，時移俗易，故莫不由乎此以成其治者也。故可執古之道以御今之有。上古雖遠，其道存焉，故雖在今可以知古始也。」

〔二〇〕老子十六章：「復命曰常。」王弼注：「復命則得性命之常，故曰常也。」然此處王弼以「古今通，終始同；執古可以御今，證今可以知古始」，爲「所謂『常』者也」，則此「常」是指老子十四章所謂之「道紀」。

〔二一〕語出老子十六章。王弼注：「常之爲物，不偏不彰，無皦昧之狀，温涼之象，故曰知常曰明也。」

〔二二〕語出老子二十一章。王弼注：「衆甫，物之始也，以無名〔説〕〔閲〕萬物始也。」

〔二三〕「周」，周遍。「期」，達到。「一時」、「一息」，均指時間之短暫。此句意爲，雖如閃電、疾風之迅速，也不可能在極短暫之時間内周遍所有的地方，達到預定的地點。

〔二四〕「官」，統御。「府」，包括。此句意爲，可以表述的和有形可見的最盛大的事物，也不能統御和包括天地萬物。

〔二五〕「斯」，此，指「道」。「弘」，大。此句意爲，不管如何讚歎、歌頌，也不能表達盡「道」的美德和博大。又，「斯美」之「美」，微旨例略誤作「羡」。

〔二六〕「當」，恰當，適合。「既」，盡。

〔二七〕「分」，别。「由」，因，憑借。

〔二八〕「不兼」、「不盡」，均爲不能完全包容，而有局限之意。

〔二九〕「演」，推演，推論。

〔三〇〕「賾」，幽深。「究」，窮盡。

〔三一〕「彌綸」，充滿。「極」，窮盡。

〔三二〕「綿邈」，久遠。「及」，達到。又，指歸略例「綿」作「緬」。

〔三三〕「然則道、玄、深、大、微、遠之言」中，「微」字指歸略例作「妙」。

〔三四〕語本老子二十五章：「吾不知其名，字之曰道，强爲之名曰大。」又，一章：「此兩者（始與母）同出而異名，同謂之玄。」王弼注：「不可得而名，故不可言同名曰玄。而言〔同〕謂之玄者，取於不可得而謂之然也。」又，「是以篇云」之「篇」字，指歸略例作「經」字。

〔三五〕語本老子二十九章：「爲者敗之，執者失之。」又，「爲之者敗其性，執之者則失其原」中二「者」字，指歸略例均脱。「敗」作「窒」。

〔三六〕語本老子二章：「是以聖人處無爲之治，行不言之教。」三十二章：「道常無名。」六十四章：「爲者敗之，執者失之，是以聖人無爲故無敗，無執故無失。」

〔三七〕「老子之文」之「子」字，指歸略例作「君」字。

〔三八〕「大歸」，根本之歸旨，即中心思想。

〔三九〕「太始」，萬物之始。列子天瑞：「有太易，有太初，有太始，……太始者，形之始也。」「定」，糾正。

〔四〇〕老子十章：「天門開闔，能無（按，當作「爲」）雌乎！」王弼注：「雌應而不（倡）〔唱〕，因而不爲。言天門開闔能爲雌乎？則物自賓而處自安矣。」按，「損而不施」義不可通，疑「損」當爲「順」，音近而誤，句當作「順而不施」。老子二十九章：「故物或行或隨，或歔或吹，或强或羸，或挫或隳。」王弼注：「凡此諸或，言物事逆順反覆，不施爲執割也。聖人達自然之（至）〔性〕，暢萬物之情，故因而不爲，順而不施。除其所以迷，去其所以惑，故心不亂而物性自得之也。」此節注文之意，正與此同，而文正作「因而不爲，順而不施」。

〔四一〕語本老子五十二章：「天下有始，以爲天下母。既得其母，以知其子；既知其子，復守其母。」

王弼注：「母，本也。子，末也。得本以知末，不舍本以逐末也。」又三十八章注：「守母以存其子，崇本以舉其末，則形名俱有而邪不生，大美配天而華不作。故母不可遠，本不可失。」

〔四二〕「賤夫巧術」，意爲以巧術爲低賤，亦即老子十九章：「絶巧棄利」之意。「爲在未有」，一説即老子六十四章「爲之於未有，治之於未亂」之意。一説「未有」爲「末有」之誤，意爲所以輕賤巧術，其原因是只在「末有」上下功夫。此二説於此均可通。

〔四三〕老子七十九章：「和大怨，必有餘怨，安可以爲善？是以聖人執左契，而不責於人。」

〔四四〕「法者」，指法家學派。「檢」，檢查、約束。「刑以檢之」，用刑法來檢查、約束一切。「刑」字，指歸略例作「形」。

〔四五〕「名者」，指名家學派。「定真」，即指名實相符。「言以正之」之「言」字，微旨例略作「名」。

〔四六〕「儒者」，指儒家學派。「譽以進之」，意爲用各種美譽來誘進人們。

〔四七〕「墨者」，指墨家學派。「矯以立之」，意爲强制自己情欲去過儉嗇的生活。又，「矯」字，指歸略例作「智」。

〔四八〕「雜者」，指雜家學派。「總以行之」，意爲兼收並用各家學説。

〔四九〕語本周易繫辭：「天下同歸而殊塗，一致而百慮。」又，此句指歸略例作：「然致同塗而異至，合旨而趨乖。」以下文中「趣」字，指歸略例均作「趨」。

〔五〇〕「憒」，亂。「紛紜憒亂之論」，意爲衆多雜亂之論説。「憒」字，指歸略例誤作「憒」。

〔五一〕「辯析」之「析」，微旨例略作「扸」。

〔五二〕「本始以盡終」，微旨例略作：「不述始以盡終。」

〔五三〕語本禮記學記：「故君子之教，喻也。道而弗牽，强而弗抑，開而弗達。道而弗牽則和，强而弗抑則易，開而弗達則思。和易以思，可謂善喻矣。」「開而弗達」，意爲注重啓發而不事事都告訴他。「道而弗牽」，意爲耐心引導而不逼令他立刻明白。又，「牽」字，微旨例略誤作「牽」。

〔五四〕此句意爲，善於揭示事物之根源，作爲論述的開始，能够抓住事物之要領來得出其結論。

〔五五〕「同趣而感發者」，指觀點、議論相同者。指歸略例於「感發」下有「於事」二字。

〔五六〕「異旨而獨構者」，指觀點不同，有獨自見解者。

〔五七〕「尅」，同「克」，成功。「反」，相反。

〔五八〕此處「道」與「形」對言，「道」爲本，有本質之意。「形」爲末，有現象之意。「秋毫」，極細微的毫毛，比喻最輕的東西。「雷霆」，比喻最響的聲音。此句意爲，「秋毫」、「雷霆」是一般人都能舉起和聽到的。然而「善力」者也恰恰表現在他能舉起「秋毫」，「善聽」者也恰恰表現在他能聽到「雷霆」，這説明「善力」與「善聽」的本質和他們「舉秋毫」，「聞雷霆」的現象是互相相反的。

〔五九〕「非尊之所爲」之「爲」字，指歸略例作「尊」。又，指歸略例由此下至「道，稱之大者也」脱。然於此下有「皆理之大者也」六字。

〔六〇〕以上各句意爲，只執守於事物本身，反而不能保存自身。亦即上文所謂：「用其子而棄其母，物失所載，未足守也。」

〔六一〕「忿」，怨恨，不滿。此句意爲，只看到具體事物，而不懂得「道」的人，對以上所説之道理是不滿意的。

〔六二〕「孤寡」，侯王自稱之辭。「道一」，王維誠説：「疑作『得一』。」按，王説是。老子三十九章：「昔之得一者，天得一以清，地得一以寧，神得一以靈，谷得一以盈，萬物得一以生，侯王得一以爲天下貞。」

〔六三〕「焉」字，王維誠輯校本誤作「言」字。

〔六四〕「云云者」，指各種説法之學派。「申」，申述。按，「人美其亂」之「亂」字，疑爲「辭」字之誤。「各申其説，人美其辭」，文義通順，意爲各學派各自申述其學説，皆以自己之論説爲最好。

〔六五〕「迂」，迂腐，不合時宜。「若分而亂」，意爲好像分明，其實混亂。

〔六六〕此句意爲，「名」是確定外界事物的；「稱」是隨從説話人之意向的。

〔六七〕此句意爲，「名」是以事物爲依據而産生的，「稱」則是由主觀給予的。

〔六八〕老子二十五章：「字之曰道。」王弼注：「言道，取於無物而不由也，是混成之中，可言之稱最大也。」老子一章：「玄之又玄，衆妙之門。」王弼注：「衆妙皆從（同）〔玄〕而出，故曰衆妙之門也。」

〔六九〕語出老子十章：「生之畜之，生而不有，爲而不恃，長而不宰，是謂玄德。」王弼注：「物自長足，不吾宰成，有德無主，非玄而何？凡言玄德，皆有德而不知其主，出乎幽冥。」

〔七〇〕「謂之深者也」，王維誠輯校本脱「者」字。

〔七一〕「旨」，宗旨，本義。此句意爲，「道」、「玄」等都是對「無物而不由」、「無妙而不出」的萬物本原的一種描述，它同具體事物的名號、稱謂不同。因爲名號是根據事物的形狀確定的，稱謂是根據人們認識的要求産生的。因此，就名號和稱謂來講是不能表達「道」、「玄」所包含的根本含義和作用的。

〔七二〕「玄之又玄」，語出老子一章。「域中有四大」，語出老子二十五章。按，指歸略例文至此而終。

〔七三〕語本老子七十章：「吾言甚易知，甚易行。……言有宗，事有君。」此句意爲，言論、行事都不能離開「道」。

〔七四〕「無幽而不識」之「識」字，王維誠輯校本誤作「失」。此句意爲，若能懂得「崇本息末」這一根本道理，則任何幽深之事都能認識；如果就事論事，各執己見，則愈辯而愈迷惑。

〔七五〕「閑」，隔，防止。「不在善察」之「善察」二字，王維誠輯校本誤倒。

〔七六〕「兹」，通「滋」，繁殖、增長。「章」，明。

〔七七〕「善聽」，指善於決斷訟事。

〔七八〕語本老子六十四章：「其未兆易謀」，「爲之於未有」。

〔七九〕「質素」，即素樸。老子五十七章：「我無爲而民自化，我好靜而民自正，我無事而民自富，我無欲而民自樸。」

〔八〇〕「華競」，競尚浮華。

〔八一〕「司」，同「伺」。「司察」，偵察。

〔八二〕「翦」，除去。「華譽」，浮華之名譽。

〔八三〕以上各句之意，即老子十九章所謂「絶聖棄智，民利百倍；絶仁棄義，民復孝慈；絶巧棄利，盜賊無有」之意。

〔八四〕「見素樸以絶聖智」，王維誠輯校本於「素」字下衍一「抱」字。

〔八五〕「好欲之美」，意爲以「好欲」爲美德。

〔八六〕語本老子三十七章：「化而欲作，吾將鎮之以無名之樸。」

〔八七〕「殷」，大、多。

〔八八〕「簡」，省略。「察」，明察。「逃之亦察」，意爲逃避之法亦愈加巧妙。

〔八九〕「渠」，借爲「遽」。「未渠多」，不算過分。此句意爲，聖智之害，不可記數，所以「絶聖棄智，民利百倍」（老子十九章）之論，並不算過分之言。

〔九〇〕「不可與論實也」之「與」字，王維誠輯校本誤作「以」。

〔九一〕「凡名生於形，未有形生於名者也」，句中兩「名」字，微旨例略均誤作「民」。

〔九二〕「探」，偵察。「射」，射覆，古代一種猜謎遊戲，此處爲猜測之意。「探射隱伏」，偵察、猜測隱匿之事。

〔九三〕此句意爲，如果從聖智之名的實際情況來考核一番的話，那末「絶聖棄智」的論斷，是無可懷疑的了。

〔九四〕「名興行」三字疑有誤。據上下文義似當作「興名行」。「興名行」，正與上文「顯名行」、「名行之美顯」等義同。「興名行」、「崇仁義」文義亦一致。

〔九五〕「弘」，大。「未渠弘」，不算過分誇大。「絶仁棄義，以復孝慈」，語出老子十九章。

〔九六〕「衝」，古時攻城用的一種戰車，其上築有樓臺，以便攀登城牆。

〔九七〕語本論語顔淵：「季康子患盜，問於孔子。孔子對曰：苟子之不欲，雖賞之不竊。」

〔九八〕「盜賊無有」之「賊」字，微旨例略誤作「則」。

〔九九〕「而興此三美」之「興」字，王維誠輯校本誤作「用」。

〔一〇〇〕「利」，用。「斯」，此指「聖智」、「仁義」、「巧利」三者。此句意爲，聖智、仁義、巧利三者，雖爲最美者，但是「本」（道）如果不存而舉此三美，其害已如上述。何況專用此三者以爲行事之准則，而根本拋掉素樸（道）者。老子十九章王弼注：「此三者以爲文而未足，故令人有所屬，屬之於素樸寡欲。」

〔一〇一〕語本老子七章：「後其身而身先，外其身而身存。」

〔一〇二〕此即所謂「崇本息末」之意。

〔一〇三〕語本老子五十二章：「既得其母，以知其子；既知其子，復守其母，没身不殆。」